Primer plano 2

Libro del alumno

VIDA COTIDIANA

MUESTRA GRATUITA

María Ángeles Palomino

Alfredo González Hermoso
(Tareas en Internet)

LIBRAIRIE LAS AMÉRICAS INC.
10 rue St-Norbert, Mtl., QE. H2X 1G3
Tel.: (514) 844-5994 Fax: (514) 844-5290
E-Mail: LIBRAIRIE@LASAMERICAS.CA
WWW.LASAMERICAS.CA
TPS: 892264342RT TVQ: 1018841564

edelsa
GRUPO DIDASCALIA, S.A.
Plaza Ciudad de Salta, 3 - 28043 MADRID - (ESPAÑA)
TEL.: (34) 914.165.511 - (34) 915.106.710
FAX: (34) 914.165.411
e-mail: edelsa@edelsa.es
www.edelsa.es

Primera edición: 2001

© María Ángeles Palomino
© de "Tareas en Internet" Alfredo González
© Edelsa Grupo Didascalia, S.A. Madrid, 2001

Dirección y coordinación editorial: Departamento de Edición de Edelsa.
Diseño de cubierta: Departamento de Imagen de Edelsa.
Diseño y maquetación de interior: Dolors Albareda.

Fotomecánica e Imprenta: Peñalara.

ISBN: 84.7711.368.8
Depósito legal: M-7403-2001

Fuentes, créditos y agradecimientos

Grabación de vídeo: Producciones Escosura.
Imágenes del vídeo: págs. 6, 7, 16, 17, 18, 19, 28, 29, 30, 31, 40, 41, 42, 43, 52, 53, 54, 55, 64, 65, 66, 67, 76, 77, 78, 79, 88, 90, 91, 100, 102, 103, 106, 109.

Fotografías:
Brotons: págs. 35, 107 y 109; Contifoto: Charles Chaplin, Alfred Hitchcock, Marilyn Monroe, pág. 81; Cristina y Guadalupe Gil Bürmann: pág. 24; Enrique García y Ramón Sánchez: pág. 93; Eva Sánchez: págs. 15 (paella), 52, 61, 100 y 105; Imax: pág. 37; Javier Peña: pág. 107; María Ángeles Palomino: pág. 96; María Sodore: págs. 12, 28 y 49; Mario Antonio de Franck: págs. 14 (Catedral de Burgos) y 24; Natalia García: pág. 96; Revista ¡HOLA! (16 de octubre de 1997): pág. 12; Seridec: págs. 73 y 76; Sonia Casado: pág. 73; Víctor Pascual: pág. 24.

Ilustraciones:
Marina Seoane: págs. 6, 8, 10, 11, 13, 20, 21, 22, 23, 25, 26, 32, 33, 34, 44, 45, 47, 48, 50, 56, 57, 58, 59, 60, 62, 68, 69, 70, 71, 74, 80, 82, 83, 84, 85, 86, 92, 93, 94, 95, 104 y 106.

Páginas de Internet:
www.tourspain.es: pág. 27; www.mcu.es: pág. 39; www.venca.es: pág. 63; www.paginas-amarillas.es: págs. 51 y 75; www.terra.es: pág. 87; www.correos.es: pág. 99; www.ciudadfutura.com: págs. 87 y 111; www.pansandcompany.com, www.adomicilio.com/motopaella/index.htm y www.comercomer.com: pág. 111.

Reproducción de documentos:
Autotransportes Tres Estrellas del Centro, México: pág. 38; Correos: págs. 89 (impreso para carta certificada, sellos) y 97 (logo por Internet); El Corte Inglés (Plano de Madrid): pág. 40; Fichas ICEX (Instituto Español de Comercio Exterior): págs. 10 y 11; Seguridad en el Transporte Público, UNAM (Universidad Nacional Autónoma de México): pág. 38; Isla Mágica, Sevilla, Parque Temático: pág. 14; La Casita de Los Arroces: pág. 101; Plano-callejero de Segovia, Patronato de Turismo, Junta de Castilla y León: pág. 108; Telepizza: pág. 109.

Notas:
- La editorial Edelsa ha solicitado los permisos de reproducción correspondientes y da las gracias a quienes han prestado su colaboración.
- Las imágenes y documentos no consignados más arriba pertenecen al Archivo y al Departamento de Imagen de Edelsa.

PRESENTACIÓN

PRIMER PLANO es un curso de español para extranjeros diseñado para un aprendizaje rápido y basado en situaciones reales de comunicación grabadas en vídeo. Está dividido en dos volúmenes.

- **PRIMER PLANO 1** (Vida profesional): dirigido a estudiantes principiantes.
- **PRIMER PLANO 2** (Vida cotidiana): para estudiantes con conocimientos básicos.

Las principales características de este segundo nivel son:

• Las **secuencias de vídeo** son protagonizadas por un mexicano y una argentina, por lo que ofrecen numerosas muestras de lengua del español de Hispanoamérica.

• El apartado **Aquí y Allá**: un miniléxico relacionado con la temática del episodio que recoge palabras en español peninsular, de México y Argentina, permitiendo así a los estudiantes apreciar la gran diversidad y riqueza de este idioma.

El libro consta de un **episodio introductorio** y de **ocho episodios temáticos** estructurados en los siguientes apartados:

• Una doble página de introducción al tema con ejercicios de preparación para la comprensión de la secuencia del vídeo.

• Prácticas del vídeo	- *¿Ha comprendido bien?:* preguntas de comprensión. - *Secuencias:* actividad para la organización discursiva del texto del vídeo. - *¡A escena!:* resumen de los exponentes funcionales básicos presentados, que se practican con un juego de rol muy breve de aplicación.
• Encuadre gramatical	Dos dobles páginas de presentación y sistematización de la gramática a través de una amplia selección de ejercicios motivadores de muy variada tipología.
• Se rueda	Prácticas de la situación comunicativa presentada en el vídeo. Consolidación de los aspectos funcionales y gramaticales del episodio a partir de actividades de interacción destinadas a potenciar la autonomía de los estudiantes.
• Aprendiendo el guión	Revisión y ampliación de las estructuras funcionales del episodio.
• Aquí y Allá	Un listado de palabras con sus correspondientes variantes mexicanas y argentinas.
• Tareas en Internet	Explotación a partir de documentos reales de páginas de Internet para profundizar en el contenido temático y cultural.

Los **materiales complementarios** son:
un vídeo, que es el elemento básico para el desarrollo de los episodios; material audio (casetes y CD) con la totalidad de las transcripciones; Cuaderno de ejercicios; Libro del profesor; y un CD-Rom que recoge todas las secciones del libro e incluye más ejercicios prácticos encaminados a un aprendizaje individual.

índice

episodio 0 — Panorama hispánico — p. 6

Objetivos Comunicativos	• Preguntar e informar sobre el nombre, la edad, la profesión, la nacionalidad. • Precisar los motivos por los que se estudia español. • Expresar gustos y preferencias. • Describir personas (físico y carácter). • Contar hábitos (cotidianos y de ocio). • Hablar de aspectos conocidos y de lugares turísticos del mundo hispano.
Objetivos Gramaticales	• Los interrogativos (repaso). • El género de los adjetivos calificativos (repaso).
Léxico	• Adjetivos para describir personas (físico, carácter). • Actividades (rutinarias y de ocio). • Países hispanohablantes.

episodio 1 — Llegando al hotel — p. 16

Objetivos Comunicativos	• Pedir y describir una habitación de hotel. • Informarse de los servicios de un hotel. • Preguntar y decir un precio. • Hablar de las profesiones.
Objetivos Gramaticales	• El presente de indicativo (repaso). • *Ser* y *estar*.
Léxico	• Profesiones. • El hotel.
Internet	• Buscar un alojamiento con unas características concretas.

episodio 2 — Pidiendo información en una oficina de turismo — p. 28

Objetivos Comunicativos	• Pedir y facilitar información turística. • Hablar de horarios. • Hablar del pasado (I). • Preguntar por la ubicación y existencia de lugares y monumentos. • Situar en un plano.
Objetivos Gramaticales	• El pretérito indefinido. • El pretérito perfecto (repaso). • Adverbios temporales. • Oposición *hay/está(n)*. • *¿Dónde...?* • *¿Qué...?* • *Algún(a)/Ningún(a)*. • El relativo *que*.
Léxico	• El ocio. • La ciudad.
Internet	• Visitar el Museo del Prado.

episodio 3 — Preguntando en la calle por una dirección — p. 40

Objetivos Comunicativos	• Preguntar y explicar un itinerario. • Dar consejos y recomendaciones. • Dar instrucciones. • Pedir acciones a otros.
Objetivos Gramaticales	• El imperativo (afirmativo y negativo). • Los pronombres *lo, los, la, las*: posición.
Léxico	• La ciudad.
Internet	• Consultar un callejero para localizar edificios y calles de interés.

episodio 4 — Comprando ropa — p. 52

Objetivos Comunicativos	• Desenvolverse en una tienda de ropa (pedir y describir prendas). • Preguntar y dar la opinión sobre una prenda. • Expresar gustos y preferencias. • Hacer comparaciones.
Objetivos Gramaticales	• Los demostrativos (uso en el espacio físico). • Los comparativos. • El género y el número de los adjetivos de color. • Los adverbios de intensidad. • El verbo *parecer*. • Pronombres de CI + CD: orden y posición. • Cambio de los pronombres *le/les > se*.
Léxico	• Las prendas de vestir. • Los colores. • Adjetivos calificativos para describir prendas de vestir.
Internet	• Consultar un catálogo de ropa para elegir una prenda según la temporada y los gustos personales.

primer plano

episodio 5 — En una farmacia p. 64

Objetivos Comunicativos
- Interesarse por la salud de alguien.
- Expresar dolor y malestar.
- Pedir medicamentos en una farmacia.
- Exclamar.
- Dar consejos y recomendaciones (de forma personal e impersonal).
- Hablar sobre modos de vida y valorarlos.

Objetivos Gramaticales
- El verbo *doler*.
- El superlativo.
- La exclamación: ¡*Qué* + adjetivo!
- *Poco/Mucho/Demasiado* con adjetivos y verbos.
- *Hay que/conviene/se debe/es aconsejable* + infinitivo.
- *Tener que/deber* + infinitivo.

Léxico
- El cuerpo humano.
- Los medicamentos.
- Modos de vida.

Internet
- Informarse de afecciones comunes y de qué llevar en el botiquín en un viaje.

episodio 6 — Haciendo la compra en un mercado p. 76

Objetivos Comunicativos
- Desenvolverse en una tienda de alimentación (pedir la vez, pedir los productos, preguntar precios).
- Hablar del pasado (II).
- Describir las circunstancias que rodean un suceso.
- Organizar un relato.

Objetivos Gramaticales
- El pretérito imperfecto de indicativo.
- Contraste de uso: pretérito indefinido/imperfecto de indicativo.
- *Porque, como* y *por eso*.

Léxico
- Los alimentos.
- Envases y medidas.

Internet
- Buscar y elegir recetas típicas de países hispanos.

episodio 7 — En una oficina de Correos. p. 88

Objetivos Comunicativos
- Solicitar servicios en una oficina de Correos.
- Preguntar e informar sobre la rapidez de un servicio.
- Manifestar urgencia.
- Expresar deseo y voluntad.
- Formular probabilidad e hipótesis.
- Indicar finalidad.
- Ofrecer ayuda.
- Dar consejos.
- Relatar una estancia.
- Escribir una postal.

Objetivos Gramaticales
- El presente de subjuntivo.
- El futuro imperfecto de indicativo.

Léxico
- Correos.
- Componentes de una carta.

Internet
- Averiguar tipos de franqueo.

episodio 8 — Encargando comida por teléfono p. 100

Objetivos Comunicativos
- Encargar comida por teléfono.
- Repetir una información y una pregunta.
- Transmitir las palabras de otros.
- Reaccionar ante diferentes noticias e informaciones.
- Hablar del pasado (III).
- Repaso de contenidos comunicativos de los episodios 1-7.

Objetivos Gramaticales
- Repetición de frases.
- El estilo indirecto.
- El pretérito pluscuamperfecto de indicativo.

Léxico
- La comida.
- Repaso del léxico de episodios anteriores.

Internet
- Informarse de tipos de comida a domicilio para encargar algunos platos.

Transcripciones p. 112   **Gramática** p. 116   **Glosario** p. 122

episodio 0 — PANORAMA HISPÁNICO

PRESENTACIÓN

1 Vamos a conocer a los personajes del vídeo.

- Emilio.
- 32 años.
- Comerciante.
- México.
- Vive en Buenos Aires.

- Isabel.
- 29 años.
- Profesora.
- Argentina.
- Vive en Buenos Aires.

2 Ahora hable sobre ellos.

- ¿**Cómo** se llaman?
- ¿**Cuántos** años tienen?
- ¿**A qué** se dedican?
- ¿**De dónde** son?
- ¿**Dónde** viven?
- ¿**Cómo** son físicamente?

Puede emplear:

Es | joven, mayor.
   | alto/a, bajo/a.
   | delgado/a, esbelto/a, gordo/a.
   | rubio/a, castaño/a, moreno/a.

Tiene el pelo | largo, corto.
              | rizado, ondulado.

3 Isabel y Emilio hablan de sus gustos y aficiones. Escuche y complete el cuadro.

	Le encanta/n	Le gusta/n	No le gusta/n
A Isabel			
A Emilio			

primer plano

4 Escuche de nuevo la grabación. ¿Cómo son de carácter Emilio e Isabel? Use algunos de los adjetivos de esta lista.

| alegre, triste
| divertido/a, serio/a
| sincero/a, mentiroso/a
| optimista, pesimista

| simpático/a, antipático/a
| trabajador/-a, perezoso/a
| sociable, tímido/a
| introvertido/a, comunicativo/a

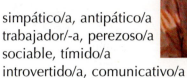

5 Ahora, van a hacer una encuesta para conocer a sus compañeros de clase. Hable con un/a compañero/a y hágale las siguientes preguntas:

FECHA

- ¿Cómo te llamas?
- ¿De dónde eres?
- ¿Qué haces?
- ¿Cuántos años tienes?
- ¿Cuántas lenguas hablas?
- ¿Por qué estudias español?
  - Porque lo necesito para mi trabajo. ☐
  - Porque viajo mucho a España. ☐
  - Porque me gustan las lenguas extranjeras. ☐
  - Otro: ☐
- ¿Cuáles son tus actividades de clase preferidas?
  - Escuchar grabaciones. ☐
  - Ver vídeos. ☐
  - Los ejercicios de gramática. ☐
  - Hablar con los compañeros. ☐
  - Hablar con el profesor. ☐
  - Escribir. ☐
  - Representar situaciones. ☐
  - Otra: ☐
- ¿Qué es lo que más te gusta de España o Hispanoamérica?

6 Ahora, presente a su compañero/a al resto de la clase.

Este es Hugo. Es brasileño. Es estudiante de Psicología y tiene 20 años. Habla dos idiomas: portugués e inglés. Aprende español porque...

episodio 0

HISPANOAMÉRICA

1 Un pequeño concurso en grupos de tres.
Hispanoamérica tiene diecinueve países. Disponen de diez minutos para completar sus nombres y, luego, situarlos en el mapa.

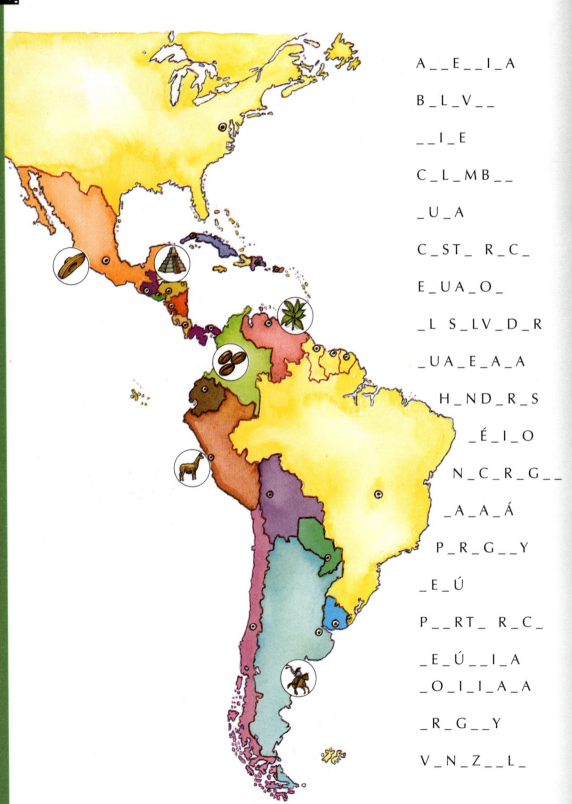

A _ _ E _ _ I _ A
B _ L _ V _ _
_ _ I _ E
C _ L _ M B _ _
_ U _ A
C _ S T _ R _ C _
E _ U A _ O _
_ L S _ L V _ D _ R
_ U A _ E _ A _ A
H _ N D _ R _ S
_ É _ I _ O
N _ C _ R _ G _ _
_ A _ A _ Á
P _ R _ G _ _ Y
_ E _ Ú
P _ _ R T _ R _ C _
_ E _ Ú _ _ I _ A
_ O _ I _ I _ A _ A
_ R _ G _ _ Y
V _ N _ Z _ _ L _

2 Ahora, escuchen la grabación y comprueben.

primer plano

3 Contesten a las siguientes preguntas. Luego comparen sus respuestas con las de otro grupo y decidan juntos cuáles son las correctas.

HISPANOAMÉRICA

1. ¿Cuál es la capital de Chile?
   ....

2. ¿En qué país se baila mucho el tango?
   ....

3. ¿De qué país es el guacamole una especialidad culinaria?
   ....

4. ¿Cómo se llama el creador de Mafalda y cuál es su nacionalidad?
   ....

5. ¿Qué mar y océano une el Canal de Panamá?
   ....

6. ¿En qué isla se elabora el ron?
   ....

7. Cite un país productor de café.
   ....

8. ¿El Titicaca es un lago o un volcán?
   ....

9. Cite dos países atravesados por la cordillera de los Andes.
   ....

10. ¿En qué día, mes y año llega Colón a América?
    ....

11. ¿En qué país nace el río Amazonas?
    ....

12. ¿De qué país depende la Isla de Pascua?
    ....

episodio 0

HISPANOAMÉRICA

4 Ahora van a conocer los países de Isabel y Emilio.

GRUPO A

Hablen con los estudiantes del grupo B para completar su información sobre Argentina. Luego, contesten a sus preguntas.

¿Qué población tiene...?

Fichas ICEX
(Instituto Español de Comercio Exterior).

MÉXICO

- Extensión: 1.972.545 km^2
- Población: 97.361.711
- Capital: Ciudad de México
- Moneda: el peso
- Idiomas: español y lenguas amerindias
- Religión: católica
- Principales zonas comerciales (ver mapa)

ARGENTINA

- Extensión: ....
- Población: ....
- Capital: ....
- Moneda: ....
- Idiomas: ....
- Religión: ....
- Principales zonas comerciales:
  ....
  ....
- Países con los que linda:
  ....
  ....
- Océano que baña sus costas:
  ....

primer plano

GRUPO B

Contesten a las preguntas de sus compañeros del grupo A. Luego hablen con ellos para completar la información sobre México.

¿Cuál es la capital de…?

MÉXICO

- Extensión: ....
- Población: ....
- Capital: ....
- Moneda: ....
- Idiomas: ....
- Religión: ....
- Principales zonas comerciales:
  ....
  ....
- Países con los que linda:
  ....
  ....
- Océanos que bañan sus costas:
  ....
  ....

ARGENTINA

- Extensión: 2.776.655 km²
- Población: 36.600.000
- Capital: Buenos Aires
- Moneda: el austral
- Idiomas: español y lenguas indígenas
- Religión: católica
- Principales zonas comerciales (ver mapa)

Fichas ICEX
(Instituto Español de Comercio Exterior).

HISPANOAMÉRICA

episodio 0

ESPAÑA

1 ¿Qué conocen de España? Mencionen monumentos, deportes...

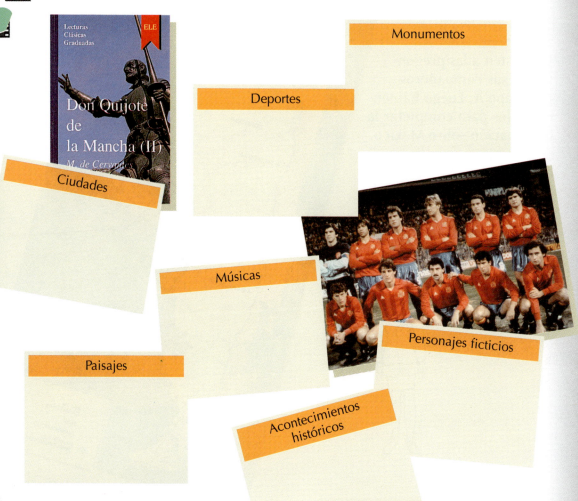

- Monumentos
- Deportes
- Ciudades
- Músicas
- Paisajes
- Personajes ficticios
- Acontecimientos históricos

- Personajes famosos

2 Ahora, presenten sus respuestas al resto de la clase.

3 Escuchen lo que dicen unos españoles en una encuesta. Compárenlo con las respuestas más mencionadas por la clase.

primer plano

4 Lea el siguiente texto sobre cómo ven los extranjeros a los españoles.

Según un estudio, los extranjeros ven España como un país tradicional y religioso. El 84% de los europeos tiene una opinión positiva sobre los españoles.

ASPECTOS POSITIVOS
Los extranjeros ven a los españoles como personas que dan mucha importancia a la amistad, simpáticas, divertidas, alegres, que siempre están en la calle, cordiales, acogedoras, abiertas y con mucha personalidad.

ASPECTOS NEGATIVOS
Según los extranjeros, los españoles son orgullosos, impuntuales, bebedores y celosos.

España ocupa el primer lugar en el *ranking* mundial como país ideal para pasar las vacaciones.

Adaptado de Quo

¿Está usted de acuerdo con esta imagen de los españoles?
¿Cómo los ve usted?

5 Escuche este programa de televisión en el que se habla sobre los horarios y las costumbres de los españoles y complete el cuadro.

¿A qué hora…	se levantan?	comen?	cenan?	se acuestan?

6 Escuche de nuevo.

• ¿En qué orden se mencionan las siguientes obligaciones diarias?

☐ limpiar la casa   ☐ hacer la compra   ☐ estudiar   ☐ trabajar

• Marque (✓) las actividades de tiempo libre citadas.

• ¿Qué actividades faltan?

7 Ahora, compare estos datos con su experiencia personal y discútalo con sus compañeros.

episodio 0

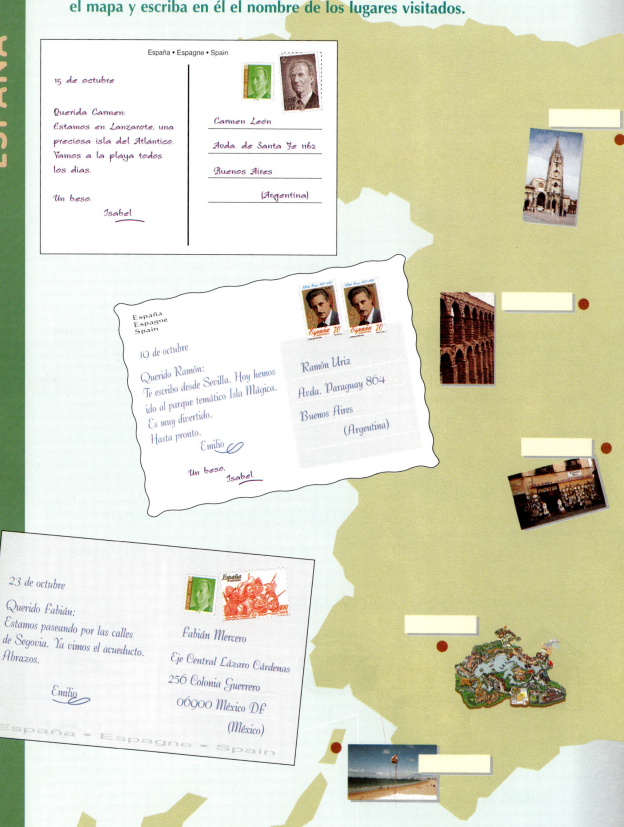

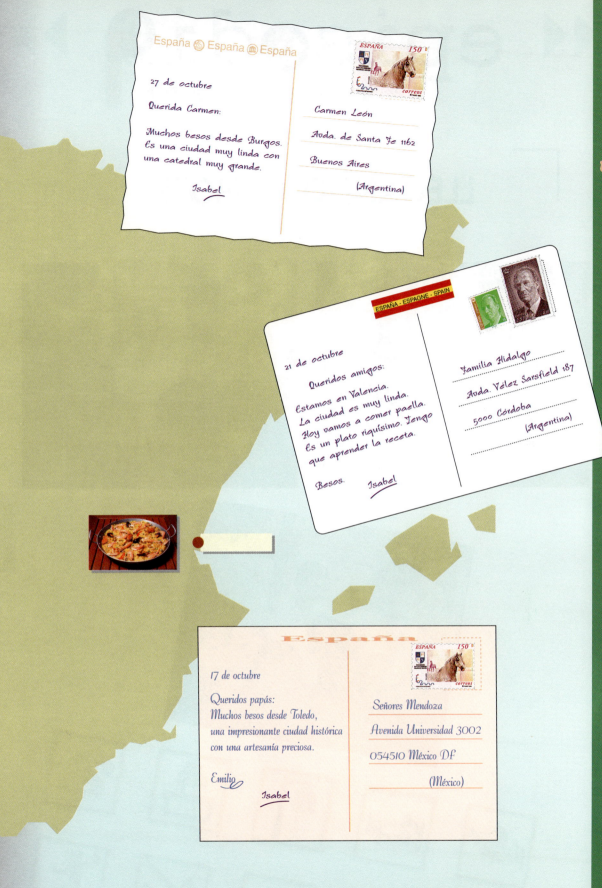

9. Isabel y Emilio han visitado muchos lugares, ¿a cuál le gustaría ir? ¿Por qué?

10. ¿Conoce usted otros lugares españoles de interés turístico?

LLEGANDO AL HOTEL

transcripción

Recepcionista: Hola, buenos días.

Emilio: Buenos días. ¿Tiene habitaciones libres?

R.: Por supuesto. ¿Individuales o doble?

Isabel: Pues doble.

R.: Doble.

I.: Con baño.

R.: Sí, sí…
¿Para cuántas noches, por favor?

E.: Para cuatro.

R.: Cuatro noches... Lo siento, pero con baño no nos quedan. Tendrá que ser con ducha.

E.: ¡Ah, bueno, bueno! Está bien, con ducha está bien.

I.: Pero, ¿tiene teléfono y televisión?

R.: Sí, sí, por supuesto.

E.: Y, ¿cuánto cuesta?

R.: Habitación doble con ducha, televisor y teléfono, son cuatro mil setecientas… por cuatro… dieciocho mil ochocientas. Si prefieren media pensión o pensión completa...

E.: No, está bien, está bien.

I.: El desayuno está incluido, ¿no?

R.: Sí, sí. El comedor está abierto de siete y media a diez de la mañana. ¿Me permiten, por favor, un pasaporte o DNI?

I.: Sí.

E.: Sí, sí, sí.

I.: Dame el saco que te lo tengo.

E.: Aquí está.

R.: Muchas gracias.

Entrando en materia

1. Aquí tiene algunas de las frases que va a oír en el vídeo. En su opinión, ¿quién las dice, Isabel y Emilio (IE) o el recepcionista (R)?

- ¿Individuales o doble? ....
- ¿Para cuántas noches? ....
- Lo siento, pero con baño no nos quedan. ....
- ¿Cuánto cuesta? ....
- ¿Tiene teléfono y televisión? ....
- El comedor está abierto de siete y media a diez de la mañana. ....
- ¿Me permiten, por favor, un pasaporte? ....

2. ¿Qué servicios ofrece el hotel?

episodio 1

prácticas

¿Ha comprendido bien?

¿Verdadero o falso?

		V	F
1	Isabel y Emilio quieren una habitación doble.	☐	☐
2	Isabel quiere una habitación con ducha.	☐	☐
3	Van a dormir cuatro noches.	☐	☐
4	La habitación tiene baño, teléfono y televisión.	☐	☐
5	Todos los días van a almorzar y cenar en el hotel.	☐	☐
6	Por las mañanas pueden desayunar de siete y media a diez.	☐	☐

Secuencias

Ordene el diálogo de cada secuencia.

a. Pues doble.
b. Buenos días. ¿Tiene habitaciones libres?
c. Por supuesto. ¿Individuales o doble?
d. Doble.

1. ....
2. ....
3. ....
4. ....

a. ¡Ah, bueno, bueno! Está bien, con ducha está bien.
b. Para cuatro.
c. Lo siento, pero con baño no nos quedan. Tendrá que ser con ducha.
d. ¿Para cuántas noches, por favor?
e. Con baño.

1. ....
2. ....
3. ....
4. ....
5. ....

primer plano

del vídeo

a Y, ¿cuánto cuesta?

b Sí, sí, por supuesto.

c ¿Pero, tiene teléfono y televisión?

d Habitación doble con ducha, televisor y teléfono, son 4.700; por cuatro, 18.800.

1. ....
2. ....
3. ....
4. ....

a Sí, sí. El comedor está abierto de siete y media a diez de la mañana.

b Sí, sí, sí.

c El desayuno está incluido, ¿no?

d ¿Me permiten, por favor, un pasaporte o DNI?

1. ....
2. ....
3. ....
4. ....

¡A escena!

En un hotel.
¿Qué se dice para…?

- Pedir una habitación.
- Describir la habitación.
- Informarse de los servicios.
- Preguntar el precio.
- Preguntar y decir la duración de la estancia.

En grupos de tres: representen la siguiente situación.

Estudiantes A y B: son una pareja y quieren una habitación doble con televisión en el hotel Dulcesueño.

Estudiante C: usted es el recepcionista del hotel. Atienda a sus compañeros.

episodio 1

ENCUADRE

EL PRESENTE DE INDICATIVO

1 Recuerde.

> Recuerde: "vos" se emplea en lugar de "tú" en algunos países de Hispanoamérica.

VERBOS REGULARES

> En Hispanoamérica se emplea la forma "ustedes" en lugar de "vosotros".

	HABLAR	COMPRENDER	ESCRIBIR
(Yo)	hablo	comprendo	escribo
(Tú/ Vos)	hablas/ hablás	comprendes/ comprendés	escribes/ escribís
(Él/Ella/Usted)	habla	comprende	escribe
(Nosotros/as)	hablamos	comprendemos	escribimos
(Vosotros/as)	habláis	comprendéis	escribís
(Ellos/Ellas/Ustedes)	hablan	comprenden	escriben

VERBOS IRREGULARES

• **Verbos con diptongación**

	PODER	CERRAR
(Yo)	puedo	cierro
(Tú/Vos)	puedes/podés	cierras/cerrás
(Él/Ella/Usted)	puede	cierra
(Nosotros/as)	podemos	cerramos
(Vosotros/as)	podéis	cerráis
(Ellos/Ellas/Ustedes)	pueden	cierran

Otros verbos: contar, volver, dormir, jugar… empezar, entender, querer, preferir, sentir, divertirse…

• **Verbos con cambio vocálico**

	PEDIR
	pido
	pides/pedís
	pide
	pedimos
	pedís
	piden

Otros verbos: repetir, elegir (elijo, eliges…), seguir (sigo, sigues…), vestirse…

OTROS VERBOS IRREGULARES

	CONDUCIR	CONOCER	DAR	DECIR	ESTAR	HACER	IR
(Yo)	conduzco	conozco	doy	digo	estoy	hago	voy
(Tú/Vos)	conduces/conducís	conoces/conocés	das	dices/decís	estás	haces/hacés	vas
(Él/Ella/Usted)	conduce	conoce	da	dice	está	hace	va
(Nosotros/as)	conducimos	conocemos	damos	decimos	estamos	hacemos	vamos
(Vosotros/as)	conducís	conocéis	dais	decís	estáis	hacéis	vais
(Ellos/Ellas/Ustedes)	conducen	conocen	dan	dicen	están	hacen	van

	PONER	SABER	SALIR	SER	TENER	VENIR	VER
(Yo)	pongo	sé	salgo	soy	tengo	vengo	veo
(Tú/Vos)	pones/ponés	sabes/sabés	sales/salís	eres/sos	tienes/tenés	vienes/venís	ves
(Él/Ella/Usted)	pone	sabe	sale	es	tiene	viene	ve
(Nosotros/as)	ponemos	sabemos	salimos	somos	tenemos	venimos	vemos
(Vosotros/as)	ponéis	sabéis	salís	sois	tenéis	venís	veis
(Ellos/Ellas/Ustedes)	ponen	saben	salen	son	tienen	vienen	ven

primer plano

gramatical

 2 ¿Con qué profesión asocia usted cada una de estas frases? Escuche la grabación y compruebe. Luego complete el cuadro.

Hacer entrevistas.   Servir copas.   Preparar reuniones.   Cuidar a los enfermos.   Poner enchufes.

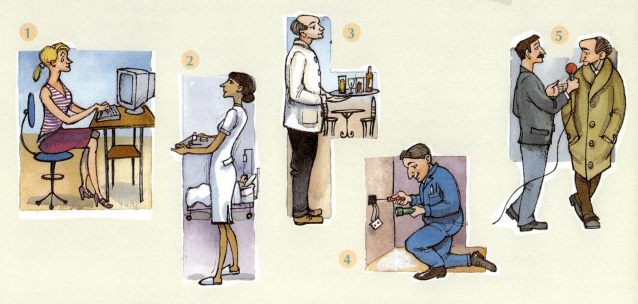

	Profesión	Actividades que realiza
1.		
2.		
3.		
4.		
5.		

3 En grupos de cuatro. Hablen sobre su trabajo a sus compañeros. Piensen en los siguientes aspectos:

A qué se dedica.   Qué actividades realiza.   Qué es lo que más le gusta y lo que menos.

Bueno, yo soy representante. Es un trabajo muy interesante pero un poco cansado porque viajo mucho. Casi todos los días como en restaurantes y duermo en hoteles. Me encanta porque conozco a mucha gente. Pero lo que menos me gusta es que veo poco a mi familia.

episodio 1

ENCUADRE

SER Y ESTAR

4 Observe.

SER	ESTAR
Identificación • ¿Quién *es*? ◆ *Es* Isabel.	Localización en el espacio • El hotel *está* en Madrid. • El libro *está* sobre la mesa.
Profesión • Isabel *es* profesora. Pero se dice: *Está* jubilada.	Descripción de estados físicos y emocionales (cualidades/características no permanentes) • Isabel *está* cansada. • Emilio *está* enfermo. • Emilio *está* muy contento.
Nacionalidad y origen • Isabel *es* argentina. *Es* de Buenos Aires.	
Relación de pertenencia • ¿El libro *es* de Isabel? ◆ Sí, *es* suyo.	Estar + gerundio • Isabel *está hablando* con el recepcionista. • Emilio *está viendo* la tele.
Descripción de personas o cosas (cualidades/características permanentes) • Isabel *es* alta. *Es* muy simpática. • El coche de Emilio *es* negro.	Estar de buen/mal humor • Estos días Isabel *está* de buen humor.
El precio • ¿Cuánto *es*? ◆ *Son* mil pesetas.	La fecha • Hoy *es* tres de mayo. • *Estamos a* tres de mayo.
La hora • ¿Qué hora *es*? ◆ *Son* las tres.	

5 Observe las ilustraciones y forme una frase con *ser* o *estar*.

1. *Está embarazada.*

Puede emplear: nervioso, contento, rubio, alto, enfadado, de mal humor…

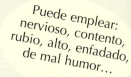

6 Ahora, escuche la grabación. ¿A qué ilustración corresponde cada conversación?

a. ● b. ● c. ● d. ● e. ● f. ● g. ● h. ●

primer plano

gramatical

7 Describa esta ilustración utilizando sólo *ser* y *estar*.

Son las cinco.

8 Ahora, escuche la grabación y localice los errores.

9 En grupos de cinco. Discutan sobre las personas de su grupo y rellenen las casillas.

	1	2	3	4	5	
Son de la misma nacionalidad (cuál).	✗	✗				*brasileños*
Son... (la misma profesión, cuál).						....
Son... (el mismo rasgo de carácter, cuál).						....
Son altos.						
Son rubios.						
Son delgados.						
No son tímidos.						
En este momento están contentos.						
En este momento están un poco cansados.						

10 Ahora, presenten los resultados al resto de la clase. Sus compañeros tienen que decir de qué personas se trata.

• *Dos estudiantes de nuestro grupo son brasileños.*
◆ *Creo que son Mario y Joana.*

episodio 1

SE RUEDA 1

 Estas personas van a pasar dos noches en el hotel Plaza Mayor de Madrid. Primero, lea las fichas e identifique a cada personaje. Luego, forme frases con la información de las fichas.

Miguel
Desempleado.
Edad: 21 años.
Personalidad: muy tímido y reservado.
Estado anímico: muy nervioso y preocupado.
Motivo de la estancia: una entrevista de trabajo.

Luisa y Ramón
Jubilados.
Edad: 79 años.
Costumbres: echarse la siesta, pasear.
Estado físico: un poco cansados.
Motivo de la estancia: ver a un médico.

Mamen y Paula
Secretarias en una empresa de informática.
Edad: 26 y 28 años.
Personalidad: dinámicas y extrovertidas.
Motivo de la estancia: visitar el salón Expointernet y salir por las noches.

Lola, Ángeles, Manuel y Emilio
Estudiantes.
Edad: entre 20 y 25 años.
Personalidad: divertidos y marchosos.
Motivo de la estancia: visitar Madrid y divertirse por las noches.

Víctor
Hombre de negocios.
Edad: 35 años.
Personalidad: exigente y serio.
Motivo de la estancia: asistir mañana a una reunión muy importante.

Los cuatro amigos son estudiantes. Tienen entre 20 y 25 años. Son divertidos y marchosos. Están en Madrid para visitar la ciudad. Por las noches quieren divertirse: ir al cine, a las discotecas...

primer plano

2 Son las siete de la tarde. Mamen y Paula llegan al hotel. Escuche la conversación y conteste a las preguntas.

a. ¿Cómo quieren la habitación?
b. ¿Qué habitación les da el recepcionista?
c. ¿Cuánto vale?

3 El Plaza Mayor es un hotel pequeño de ambiente familiar de siete habitaciones. Ustedes trabajan en él. Observen su distribución. ¿Qué habitación van a dar a cada persona? ¿Por qué?

- *Vamos a dar la habitación junto al jardín a Luisa y Ramón, porque es muy tranquila.*
- *Sí, Luisa y Ramón son mayores y necesitan tranquilidad.*

4 Ahora van a escenificar dos conversaciones en el hotel.

En grupos de tres:

| **Estudiantes 1 y 2.** Luisa y Ramón llegan al hotel y piden una habitación. | **Estudiante 3.** Usted es el recepcionista del hotel. |

En grupos de cinco:

| **Estudiantes 1 a 4.** El grupo de cuatro amigos llega al hotel y pide las habitaciones. | **Estudiante 5.** Usted es el recepcionista del hotel. |

episodio 1

aprendiendo
EL GUIÓN

Pedir la habitación
- ¿Tienen habitaciones libres?
- ◆ *Por supuesto. ¿Cómo la quiere?*

Describir la habitación
- (Habitación) | individual / doble | de (no) fumador / exterior | con | baño completo, ducha, televisión.

Informarse de los servicios
- ¿La habitación tiene teléfono? / televisión?
- ¿El desayuno está incluido? ◆ *Sí./No.*
- ¿A qué hora abren el comedor? ◆ *De siete a diez y media.*
- ¿Cuánto cuesta? ◆ *(Son) 8.000 ptas./48 euros.*

Preguntar e indicar la duración de la estancia
- ¿Para cuántas noches? ◆ *Para* cuatro. / una semana.

Pedir la documentación
- ¿Me permite su pasaporte o DNI? ◆ *¡Cómo no!*

aquí y allá

1. El edredón
   El acolchado (Arg.)
2. La mesilla (de noche)
   La mesita (Arg.)
3. El armario
   El ropero, el armario (Méx.)
4. La ducha
   La regadera (Méx.)
5. El grifo
   La canilla, el pico (Arg.)
   La llave del agua (Méx.)
6. El lavabo
   La pileta de baño (Arg.)
7. El interruptor
   La llave de luz (Arg.)
8. La bañera
   La bañadera, la bañera (Arg.)
   La tina de baño (Méx.)
9. El cojín
   El almohadón pequeño (Arg.)
   El cojín, la almohada (Méx.)
10. La bombilla
    El foco, la lámpara (Arg.)
    El foco (Méx.)
11. La moqueta
    La alfombra (Arg.)

primer plano

Buscando alojamiento

Edición   Ver   Favoritos   Herramientas   Ayuda

http://www.tourspain.es   Ir a

Situación: usted busca un alojamiento con un precio concreto y unas características determinadas.

Escoja el sitio http://www.tourspain.es.
Elija el idioma español seleccionando la bandera de España.

(1) En la página principal seleccione Hoteles
- ¿Qué categorías de alojamiento le ofrecen? ¿Qué diferencias hay entre ellas?
- En el mapa, acceda a la comunidad adonde usted quiere ir.

(2) Seleccione la ciudad y el hotel según sus preferencias
- Indique:
  - la ciudad
  - la clase de hotel: 1, 2, 3, 4 ó 5 estrellas
  - el precio: menos de 10.000 ptas. (60 euros)
  - los servicios que desea: sitio céntrico, piscina, etc.
- Haga clic en **Buscar**.

(3) Decida en qué hotel alojarse. Pulse sobre los diferentes hoteles y conteste
- El precio.
  - ¿Qué diferencia de precios hay entre las temporadas alta, media y baja?
  - ¿Cuesta lo mismo una habitación doble que una individual?
  - ¿Está incluido el IVA?
- Los servicios.
  - ¿Qué servicios le proponen? Si no lo sabe, pulse en el botón **?** (de ayuda).

(4) Escoja el hotel que le conviene y apunte la dirección

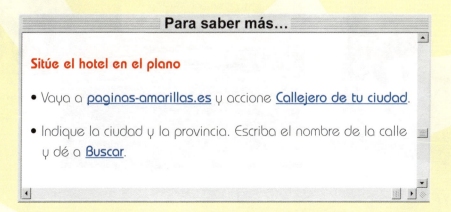

Para saber más…

Sitúe el hotel en el plano

- Vaya a **paginas-amarillas.es** y accione **Callejero de tu ciudad**.
- Indique la ciudad y la provincia. Escriba el nombre de la calle y dé a **Buscar**.

Internet

episodio 2

PIDIENDO INFORMACIÓN EN UNA OFICINA DE TURISMO

– ¿Y qué queréis ver? ¿Museos, exposiciones, parques, monumentos...?

– Ándele, todo eso, todo eso.

el Palacio Real, que es muy bonito.

1. Local de música española

2. Museo del Prado

3. Parque del Retiro

primer plano

Plaza Mayor

Restaurante al aire libre

Entrando en materia

Isabel y Emilio quieren conocer Madrid. Observe las fotos y organice su visita.
Clasifique las ofertas.

- Cultura. ☐
- Gastronomía. ☐
- Diversión. ☐
- Paseos. ☐

transcripción

Empleada: Buenos días.

Emilio: Buenos días. Oiga, queríamos información de todo lo que se puede hacer aquí en Madrid.

Emp.: ¿Y qué queréis ver? ¿Museos, exposiciones, parques, monumentos...?

E.: Ándele, todo eso, todo eso.

Isabel: Sí, y además cines, terrazas, discotecas, pubs con mucha marcha y...

Emp.: Ya, ya, ya. Entiendo. Vamos a ver, aquí tenéis un folleto con los principales museos: el Museo del Prado, el Thyssen, el Centro de Arte Reina Sofía, el Museo de la Ciudad, que presenta la historia de Madrid, el Museo de Ciencias Naturales, el Museo de Cera, el Palacio Real, que es muy bonito, también podéis ver... Podéis visitar el Parque del Retiro, la estación de Atocha, que tiene un jardín de plantas tropicales precioso; al lado están los jardines del Real Jardín Botánico, que también estos son dignos de ver... Y, por supuesto, dar un paseo por el centro de Madrid: visitar la Puerta del Sol, la Gran Vía, la Plaza Mayor...

E.: Oiga, y todas esas direcciones están aquí, ¿verdad?

Emp.: Por supuesto. Con los horarios y los precios. Detrás tenéis también un plano de Madrid y un pequeño plano de la red de metro.

I.: ¿Y para salir de noche... así?

Emp.: No os preocupéis, aquí en Madrid hay muchos sitios para pasárselo bien. Os voy a dar esta guía del ocio con las direcciones y los teléfonos de restaurantes, discotecas, pubs, locales de... de conciertos, boleras...

I.: ¡Bárbaro!

Emp.: En fin...

E.: Oiga, pues muchas gracias, ¿eh?

Emp.: De nada.

[E.: Oye, me dijeron...]

episodio 2

prácticas

¿Ha comprendido bien?

¿Verdadero o falso?

		V	F
1	Emilio quiere conocer todo Madrid.	☐	☐
2	A Isabel no le gusta salir por la noche.	☐	☐
3	La empleada les da un folleto con los principales museos, monumentos y parques de la capital.	☐	☐
4	Para poder localizar todos estos lugares tienen que comprar un plano de la ciudad.	☐	☐
5	En Madrid hay muchos locales para salir por la noche.	☐	☐

Secuencias

Ordene el diálogo de cada secuencia.

a Oiga, queríamos información de todo lo que se puede hacer aquí en Madrid.

b Ándele, todo eso, todo eso.

c ¿Y qué queréis ver? ¿Museos, exposiciones, parques, monumentos…?

1. ....
2. ....
3. ....
4. ....
5. ....

d Vamos a ver, aquí tenéis un folleto con los principales museos: el Museo del Prado, el Thyssen, el Centro de Arte Reina Sofía, el Museo de la Ciudad…

e Sí, y además cines, terrazas, discotecas, pubs con mucha marcha…

primer plano

del vídeo

a Por supuesto. Con los horarios y los precios.

b No os preocupéis, aquí en Madrid hay muchos sitios para pasárselo bien.

c ¿Y para salir de noche?

d Oiga, y todas esas direcciones están aquí, ¿verdad?

1. ....
2. ....
3. ....
4. ....

a De nada.

b Oiga, pues muchas gracias, ¿eh?

1. ....
2. ....

¡A escena!

En una oficina de turismo.
¿Qué se dice para…?

- Pedir información.
- Facilitar una información.

En parejas: representen la siguiente situación.

Estudiante A: usted es un turista y está en la ciudad del estudiante B. Va a la oficina de turismo a pedir información sobre los museos, galerías, restaurantes y locales para salir por la noche.

Estudiante B: trabaja en la oficina de turismo. Atienda a su compañero/a.

episodio 2

ENCUADRE

EL PRETÉRITO INDEFINIDO

 **Observe.**

En Hispanoamérica, se emplea más el pretérito indefinido que el pretérito perfecto.

VERBOS REGULARES

	HABLAR	COMPRENDER	SUBIR
(Yo)	hablé	comprendí	subí
(Tú/Vos)	hablaste	comprendiste	subiste
(Él/Ella/Usted)	habló	comprendió	subió
(Nosotros/as)	hablamos	comprendimos	subimos
(Vosotros/as)	hablasteis	comprendisteis	subisteis
(Ellos/Ellas/Ustedes)	hablaron	comprendieron	subieron

VERBOS IRREGULARES

	ESTAR	HACER	TENER	DAR	IR/SER
(Yo)	estuve	hice	tuve	di	fui
(Tú/Vos)	estuviste	hiciste	tuviste	diste	fuiste
(Él/Ella/Usted)	estuvo	hizo	tuvo	dio	fue
(Nosotros/as)	estuvimos	hicimos	tuvimos	dimos	fuimos
(Vosotros/as)	estuvisteis	hicisteis	tuvisteis	disteis	fuisteis
(Ellos/Ellas/Ustedes)	estuvieron	hicieron	tuvieron	dieron	fueron

- **Son irregulares porque cambian la raíz y algunas terminaciones.**
- **Tienen irregularidades propias.**

USOS DE LOS PASADOS. El pretérito indefinido y el pretérito perfecto se emplean con estos marcadores temporales.

Pretérito indefinido
- anteayer / ayer / anoche
- la semana pasada
- el año / mes / verano pasado
- el otro día, el lunes / martes…
- hace un / dos… día(s) / mes(es) / año(s)
- en marzo / abril / mayo… en 1992
- el 14 de febrero

Pretérito perfecto
- hoy
- esta mañana / semana / tarde…
- este fin de semana
- este mes / año…
- nunca
- todavía no, aún no

EL PRETÉRITO PERFECTO

Recuerde cómo se forma el pretérito perfecto.

REPASO

VERBO *HABER* + PARTICIPIO

(Yo)	he	
(Tú/Vos)	has/habés	
(Él/Ella/Usted)	ha	+ hablado
(Nosotros/as)	hemos	comido
(Vosotros/as)	habéis	salido
(Ellos/Ellas/Ustedes)	han	

Participios irregulares

abierto	(abrir)	puesto	(poner)
dicho	(decir)	roto	(romper)
escrito	(escribir)	visto	(ver)
hecho	(hacer)	vuelto	(volver)

primer plano

gramatical

2 Relacione.

a. He comido con Luis.
b. Estuvimos en Brasil.
c. Cenaron en casa de José.
d. He tenido mucho trabajo.
e. Lola y Felipe se casaron.
f. Ha llamado Concha.
g. Fuiste al cine.

1. Anoche.
2. Este mediodía.
3. El sábado después de cenar.
4. El 18 de marzo de 1998.
5. Esta semana.
6. Hace un rato.
7. El verano pasado.

3 Lea el texto.

Hoy es domingo por la noche. Isabel y Emilio están muy cansados porque **han hecho** muchas cosas: **han visitado** el Centro de Arte Reina Sofía, **han comido** en un restaurante típico, **han paseado** por el Parque del Retiro, **han visto** una película en tres dimensiones en el Imax y, finalmente, después de cenar **han tomado** unas copas en una terraza.

4 *El lunes por la mañana, Isabel y Emilio hablan con un cliente del hotel. Le comentan lo que hicieron el día anterior.*

Imagine cómo lo cuenta Emilio.

Ayer hicimos muchas cosas...

5 Ahora, escuche la grabación y compruebe.

6 En parejas. Hablen sobre lo que hicieron el fin de semana pasado. Pueden utilizar esta información.

¿Con quién?
- Solo/a
- Con unos amigos
- Con unos familiares
- Con un compañero de trabajo

¿Cuándo?
- Por la mañana/tarde/noche
- A las ocho, a las dos...
- Antes de.../Después de...
- Primero, luego, después

Actividades
- Levantarse pronto/tarde
- Escuchar música/Ver la tele
- Ir a una fiesta/al cine/de copas
- Reunirse con la familia
- Navegar por Internet
- Aburrirse
- Comer/Cenar en el restaurante
- Ir al gimnasio/Hacer deporte
- Quedarse en casa
- Descansar
- Llamar a un amigo
- Pasear

• *Yo, el sábado, comí en un restaurante japonés.* ♦ *Ah... ¡Yo también!*

7 Escuche a Raquel, César, Natalia y Jesús y tome notas de lo que hizo cada uno el mes pasado.

episodio 2

ENCUADRE

HAY/ESTÁ(N)

8 Observe.

- ¿Dónde está el Museo del Prado?
- ¿Dónde están las direcciones?

- El Museo del Prado está en Madrid.
- Las direcciones están en la guía.

- ¿Qué hay en la Plaza Colón?
- ¿Dónde hay un restaurante gallego?
- ¿Cuántos cines hay en la Gran Vía?
- ¿En Madrid hay muchos museos?
- ¿Hay cuadros de Goya en el Prado?
- ¿Hay algún museo cerca de esta plaza?
- ¿Hay alguna cabina por aquí?

- Hay un museo. / Hay una biblioteca.
- Hay uno en la calle Serrano.
- Hay dos / tres... cines.
- Sí, y muchas galerías de arte.
- Sí, hay cuadros de Goya y de Velázquez.
- Sí, hay uno. / No, no hay ninguno.
- Sí, hay una allí. / No, no hay ninguna.

9 Escuche los diálogos y observe el plano.

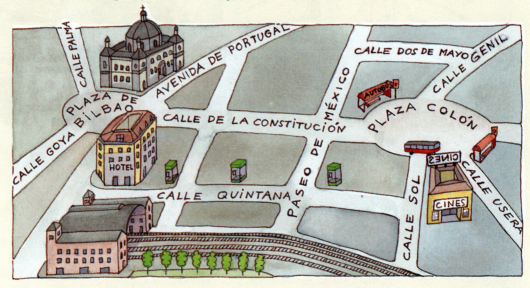

10

Estudiante A

Sitúe en la Plaza Colón: un museo, una farmacia, un aparcamiento subterráneo.
Y en cualquier lugar del plano: dos restaurantes, el cine Olimpia, dos teatros.

Ahora, haga estas preguntas a su compañero y sitúe los locales en el plano.

- ¿Dónde está la plaza de toros?
- ¿Hay algún parque?
- ¿Cuántas cabinas de teléfono hay? ¿Dónde están?
- ¿Dónde están las paradas de autobús?
- ¿Qué hay en la plaza de Bilbao?

Estudiante B

Haga las siguientes preguntas a su compañero y sitúe los locales en el plano.

- ¿Dónde está el cine Olimpia?
- ¿Cuántos restaurantes hay? ¿Dónde están?
- ¿Hay alguna cafetería en este barrio?
- ¿Qué hay en la Plaza Colón?
- ¿Dónde están los teatros?

Sitúe en la plaza de Bilbao: una cafetería, una estación de metro, una biblioteca.
Y en cualquier lugar del plano: un parque, tres cabinas de teléfono, dos paradas de autobús, una plaza de toros.

primer plano

gramatical

EL RELATIVO "QUE"

11 Observe.

Ayer visitamos un **museo de pintura**.
Este **museo** está en el centro de Madrid.

⬇

Ayer visitamos un **museo de pintura que** está en el centro de Madrid.

Museo del Prado. MADRID.

12 Transforme las siguientes frases como en el modelo.

1. El lunes comí en un restaurante. Este restaurante sirve platos típicos de Madrid.

   El lunes comí en un restaurante que sirve platos típicos de Madrid.

2. En el Prado vi un cuadro. El cuadro es muy bonito.

   ....

3. Luego fui al cine. El cine está en la Gran Vía.

   ....

4. Vimos una película. La película duró tres horas.

   ....

5. El lunes cené en casa de unos amigos. Estos amigos viven cerca del Parque del Retiro.

   ....

6. Han comprado unas postales. Las postales muestran el casco antiguo.

   ....

13 Escuche. ¿De qué o de quién están hablando?

1. *De Pedro Almodóvar.*
2. ....
3. ....
4. ....
5. ....
6. ....

14 En grupos de tres. Escriban cinco definiciones para presentarlas al resto de la clase. Piensen en personajes famosos, objetos, países, ciudades, animales, profesiones, aparatos, etc.

• *Es un escritor mexicano que ganó el premio Nobel de Literatura en 1990.*
♦ *Creo que es Octavio Paz.*

episodio 2

SE RUEDA 2

1 En grupos de tres.

Estudiantes 1 y 2: *son dos turistas en Madrid (van a estar tres días). Por las mañanas y tardes quieren ver museos, parques y monumentos. Por las noches piensan salir de marcha (ir al cine, a restaurantes típicos, a discotecas y a pubs).*

**Pidan información en la oficina de turismo.
Luego, elijan juntos las actividades que van a realizar y anótenlas.**

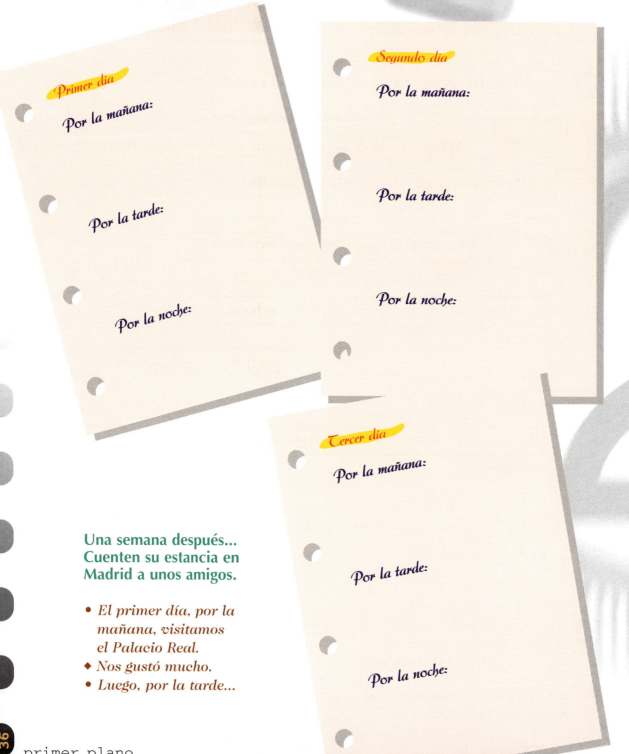

**Una semana después...
Cuenten su estancia en Madrid a unos amigos.**

- *El primer día, por la mañana, visitamos el Palacio Real.*
- *Nos gustó mucho.*
- *Luego, por la tarde...*

primer plano

Estudiante 3: *usted trabaja en la oficina de turismo de Madrid y atiende a los turistas. Observe el folleto y ayude a sus compañeros a elegir sus actividades.*

MADRID

CENTRO DE ARTE REINA SOFÍA
Centro artístico y cultural. Exposiciones de arte contemporáneo y vanguardista. *Enfrente de la Estación de Atocha.*

BARRIO DE SALAMANCA
El barrio más elegante de Madrid. Galerías de arte, tiendas de lujo de las más prestigiosas marcas. *Calle Serrano y adyacentes.*

MADRID VERDE
Reserve el domingo para pasear por el *Parque del Retiro*, un lugar donde se puede ver de todo: guiñol, funambulistas, echadoras de cartas...

EL PALACIO REAL
Cuenta con un magnífico museo de carruajes y hermosos jardines. *Plaza de Oriente.*

EL PARQUE DE ATRACCIONES
Para los amantes de las sensaciones fuertes. *Casa de Campo.*

MUSEO DEL PRADO
Una de las mejores pinacotecas del mundo: obras de Velázquez, Goya, Rubens, Murillo, El Greco... *Paseo del Prado.*

CINE IMAX
Películas en tres dimensiones. *Parque Tierno Galván.*

DE TAPAS
Si quiere degustar buenas tapas, visite las tabernas típicas situadas alrededor de la *Plaza Mayor.*

RESTAURANTES
- **El rincón de Pepe** Cocina madrileña. *Calle Mayor, 25.*
- **Los Olivos** Cocina tradicional y casera. *Paseo del Prado, 64.*
- **La Pata Negra** Especialista en chorizos y jamones. *Paseo de la Castellana, 8.*
- **Las Cuevas de Luis Candelas** Restaurante típico. Horno de asar. *Plaza Mayor.*

Si quieren ver una película en tres dimensiones, pueden ir al cine Imax, que está en el Parque Tierno Galván.

aprendiendo
EL GUIÓN

Pedir información

- Quería saber
- Quería información de

todo lo que se puede hacer en Madrid.

- Aquí tiene un folleto con la dirección de los principales museos.

- ¿En Madrid hay

un museo de cera?
tablaos flamencos?

- Sí, hay uno.
- No, no hay ninguno.

- ¿Dónde está

el Palacio Real?
el Jardín Botánico?

- ¿Y para

salir por la noche?
pasear?
comer platos típicos?

Preguntar el horario

- ¿A qué hora abre/cierra

el Museo del Prado?
el Zoo?

Al hacer uso del transporte público, ya sea que aborde un taxi, el metro o "colectivos", es muy importante tomar precauciones e ir siempre atento para prevenir cualquier situación desagradable.

AUXILIO UNAM. DIRECCION GENERAL DE PROTECCION A LA COMUNIDAD
SECRETARIA DE ASUNTOS ESTUDIANTILES

SEGURIDAD EN EL TRANSPORTE PUBLICO

"Autotransportes Tres Estrellas del Centro", México.

"Seguridad en el Transporte Público", UNAM (Universidad Autónoma de México).

En España se dice: "Tomar/coger un taxi, un autobús…". ¿Cómo se dice en México? ¿Y cómo se dice "billete"? ¿Y "metro" en Argentina?

primer plano

Visitando un museo

Edición   Ver   Favoritos   Herramientas   Ayuda

http://www.mcu.es

Situación: usted quiere planificar una visita al Museo del Prado, recorrer virtualmente las salas y ver un cuadro.

Escoja el sitio http://www.mcu.es y acceda, a través del icono, al Museo del Prado.

① Información general sobre el museo
Vaya a **Información General** y mire la **Ficha Práctica**.

Horario
- ¿A qué hora abre y a qué hora cierra? ¿Es el mismo horario durante toda la semana? ¿Qué día está cerrado?

Precio
- ¿Cuánto cuesta la entrada? ¿Qué tipo de descuentos hay? ¿Qué día es gratuito? ¿Qué tipos de bonos hay?

Localización
- Mire el **Plano de Situación** del Museo. ¿En qué calle está? ¿Hay otros museos cerca? ¿Cuáles?

② Una visita virtual
- Accione **Visitas**, ¿qué cuadro analizan este mes? ¿Quién es el autor?
- Desde **Visitas**, acceda a **Lo que hay que ver** y accione **Edificio Villanueva**. Pulse **Empezar visita**.
  Si quiere seguir el recorrido propuesto, comience por la sala **51c** y continúe por este orden: **50**, **58**, **56a**, **55b**, **54**, **60a**, **61a**, **62a**, **61b**, **61**, **75** y **49**, sala **101** del sótano. La visita sigue en la planta principal.
- ¿Qué obras ha visto? ¿Cuáles le han gustado más?

Para saber más...

Mandar una postal virtual a una de sus amistades

- Seleccione **Catálogo de Productos** y luego **Postales Virtuales**. Escoja la postal. Escriba el texto. Ponga el nombre y la dirección del destinatario. Envíela.

- A partir de las páginas de Internet vistas, obtenga información de la obra enviada y de su autor.

episodio 3

PREGUNTANDO EN LA CALLE POR UNA DIRECCIÓN

– Perdona... ¿cómo se va al Centro de Arte Reina Sofía?

Bien, seguís recto por la calle esta, que es la más ancha, que es la calle de Alcalá.

– Muchas gracias.
– De nada. Hasta luego.

Plano de Madrid. El Corte Inglés.

primer plano

transcripción

Puerta del Sol

Isabel: Perdona... ¿Cómo se va al Centro de Arte Reina Sofía?

Chica: Lo siento, no lo sé, no soy de Madrid.

Emilio: Gracias.

Hombre: Si me decís dónde vais, tal vez pueda ayudaros.

E.: El Centro de Arte Reina Sofía.

H.: ¡Ah! es sencillo. A ver, vais a coger la calle Carretas, todo recto hasta que lleguéis a una plaza; allí giráis a la izquierda por la calle Atocha... No, no, espera, mejor vais a ir por la calle Alcalá y el Paseo del Prado, así veis la Cibeles y el Museo del Prado. Bien, seguís recto por la calle esta, que es la más ancha, que es la calle de Alcalá. Llegáis a una plaza muy grande, con una fuente con dos leones, que es la Cibeles. Allí giráis a la derecha, por el Paseo del Prado. Seguís recto hasta que llegáis a otra plaza, que es la Plaza de Neptuno. Bueno, pues justo enfrente de Neptuno está el Museo del Prado. ¿Lo habéis visitado ya?

I.: No, todavía no.

E.: No.

H.: Tenéis que ir. Seguís recto, llegáis a una plaza más grande aún, que es la Plaza de Atocha. Ahí está la estación. Bueno, pues justo enfrente de la estación está el Reina Sofía. Allí preguntáis.

E.: O sea, la calle de allí...

H.: ¡Ajá!, la calle de Alcalá hasta llegar a la Plaza de Cibeles...

E.: La de la fuente...

H.: ¡Ajá!

E.: ... y luego el Paseo del Prado...

H.: Efectivamente, hasta que lleguéis a la estación de Atocha.

E.: Muchas gracias.

H.: De nada. Hasta luego.

Entrando en materia

Siga el recorrido indicado en el plano, tome nota del nombre de las calles e indique el orden en que se pasa por estos monumentos:

- ☐ Centro de Arte Reina Sofía.
- ☐ Museo del Prado.
- ☐ Fuente de Neptuno.
- ☐ Fuente de la Plaza de Cibeles.

episodio 3

prácticas

¿Ha comprendido bien?

¿Verdadero o falso?

                                                                                      V   F

1. Isabel y Emilio quieren ir al Centro de Arte Reina Sofía. ☐ ☐
2. La chica es de Madrid pero no sabe dónde está el Centro de Arte. ☐ ☐
3. El chico les indica un itinerario turístico con monumentos: la Cibeles y el Museo del Prado. ☐ ☐
4. La calle de Alcalá es una calle ancha. ☐ ☐
5. Al final de la calle de Alcalá está la Plaza de Neptuno. ☐ ☐
6. El Museo del Prado está enfrente de la fuente de los leones. ☐ ☐
7. Isabel y Emilio todavía no han visitado el Museo del Prado. ☐ ☐
8. El Reina Sofía está muy cerca de la estación de Atocha. ☐ ☐

Secuencias

Ordene el diálogo de cada secuencia.

a) Lo siento, no lo sé, no soy de Madrid.

b) Perdona… ¿Cómo se va al Centro de Arte Reina Sofía?

1. ....
2. ....

b) Seguís recto por la calle esta, que es la más ancha, que es la calle de Alcalá.

a) Llegáis a una plaza muy grande, con una fuente con dos leones, que es la Cibeles.

1. ....
2. ....

del vídeo

a
Seguís recto, llegáis a una plaza más grande aún, que es la Plaza de Atocha. Ahí está la estación. Bueno, pues justo enfrente de la estación está el Reina Sofía.

b
Allí giráis a la derecha, por el Paseo del Prado.

1. ....
2. ....
3. ....

c
Seguís recto hasta que llegáis a otra plaza, que es la Plaza de Neptuno.

En la calle.
¿Qué se dice para…?

- Preguntar un itinerario.
- Expresar desconocimiento.
- Explicar un itinerario.

En parejas: representen la siguiente situación. Miren el plano de la página 40.

Estudiante A: está en el Museo del Prado y quiere ir a la Plaza de Cibeles. Pregunte a su compañero/a cómo se va.

Estudiante B: escuche a su compañero/a y conteste a su pregunta.

episodio 3

ENCUADRE

EL IMPERATIVO AFIRMATIVO

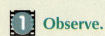 **Observe.**

VERBOS REGULARES

TOMAR	COMER	ESCRIBIR	
toma/tomá	come/comé	escribe/escribí	(Tú/Vos)
tome	coma	escriba	(Usted)
tomad	comed	escribid	(Vosotros/as)
tomen	coman	escriban	(Ustedes)

La forma "vosotros/as" es siempre regular: -ad, -ed, -id.

VERBOS IRREGULARES

CERRAR	VOLVER	PEDIR	
cierra/cerrá	vuelve/volvé	pide/pedí	(Tú/Vos)
cierre	vuelva	pida	(Usted)
cerrad	volved	pedid	(Vosotros/as)
cierren	vuelvan	pidan	(Ustedes)

DECIR	HACER	PONER	SALIR	VENIR	IR	
di/decí	haz/hacé	pon/poné	sal/salí	ven/vení	ve/andá	(Tú/Vos)
diga	haga	ponga	salga	venga	vaya	(Usted)
decid	haced	poned	salid	venid	id	(Vosotros/as)
digan	hagan	pongan	salgan	vengan	vayan	(Ustedes)

USOS:
a) para dar instrucciones, indicar un itinerario.
b) para dar consejos y recomendaciones.
c) para pedir acciones a otros.

Para indicar un itinerario se puede utilizar el presente de indicativo (como en el vídeo) o el imperativo.

Mire, usted **toma** la calle Atocha. = **Tome** la calle Atocha.
Sigue recto. = **Siga** recto.

Luego, **gira** a la izquierda. = Luego, **gire** a la izquierda.
Tuerce a la derecha. = **Tuerza** a la derecha.

Después, **cruza** la glorieta. = Después, **cruce** la glorieta.

primer plano

gramatical

2 Escuche, siga las indicaciones en el plano e indique dónde está Mercedes.

✗ Casa de Ricardo.

3

Estudiante A
Elija un lugar del plano e indique a su compañero/a cómo ir desde la Plaza del Rey.

Estudiante B
Siga en el plano las instrucciones de su compañero/a. ¿Adónde ha llegado?

4 Complete los bocadillos con los verbos de la lista en imperativo.

beber   abrir   apagar   pedir   comer   hacer

.... el libro por la página 56 y .... el ejercicio 5.

.... pescado y .... mucha agua.

.... paella. Está riquísima, es la especialidad de la casa.

.... el cigarro, no se puede fumar.

5 Aconsejen a estas personas. Luego, comparen sus propuestas con las de otro grupo.

1. Rigoberta, una amiga suya, está en paro.
2. Dos jóvenes, Alicia y Guadalupe, van a una fiesta de cumpleaños y no saben qué llevar.
3. Arturo, un señor de 45 años, tiene pocos amigos.
4. Alfonso y Ricardo, dos hombres de 50 años, quieren dejar de fumar.

1. • *Compra el periódico y lee los anuncios.*
   ◆ *Sí, y también manda currículos a las empresas de tu ciudad.*

episodio 3

ENCUADRE

EL IMPERATIVO NEGATIVO

6 Observe.

VERBOS REGULARES

TOMAR	COMER	ESCRIBIR	
no tomes/tomés	no comas/comás	no escribas/escribás	(Tú/Vos)
no tome	no coma	no escriba	(Usted)
no toméis	no comáis	no escribáis	(Vosotros/as)
no tomen	no coman	no escriban	(Ustedes)

VERBOS IRREGULARES

CERRAR	VOLVER	PEDIR	
no cierres/cerrés	no vuelvas/volvás	no pidas/pidás	(Tú/Vos)
no cierre	no vuelva	no pida	(Usted)
no cerréis	no volváis	no pidáis	(Vosotros/as)
no cierren	no vuelvan	no pidan	(Ustedes)

DECIR	HACER	PONER	
no digas/digás	no hagas/hagás	no pongas/pongás	(Tú/Vos)
no diga	no haga	no ponga	(Usted)
no digáis	no hagáis	no pongáis	(Vosotros/as)
no digan	no hagan	no pongan	(Ustedes)

SALIR	VENIR	IR	
no salgas/salgás	no vengas/vengás	no vayas/vayás	(Tú/Vos)
no salga	no venga	no vaya	(Usted)
no salgáis	no vengáis	no vayáis	(Vosotros/as)
no salgan	no vengan	no vayan	(Ustedes)

7 En grupos de tres. Cristina y Hernando no van a estar en casa este fin de semana; su hijo Julio, de 15 años, se va a quedar solo. ¿Qué consejos y recomendaciones creen ustedes que le dan antes de irse? Escriban al menos seis. Luego escuchen la grabación, ¿cuántos han acertado?

¡No fumes! ¡Haz los deberes!

8 En grupos de tres. ¿Qué consejos podrían dar estas personas?

1. El director de una empresa a sus empleados.   1. *¡No lleguen tarde!*
2. Un profesor de español a sus estudiantes.
3. Una mujer a su marido.
4. Una directora a su secretaria.

primer plano

gramatical

9 Observe la posición de los pronombres personales.

IMPERATIVO AFIRMATIVO

el disco ponlo	los discos ponlos	la ventana ciérrala	las ventanas ciérralas

IMPERATIVO NEGATIVO

el disco no lo pongas	los discos no los pongas	la ventana no la cierres	las ventanas no las cierres

10 Complete.

	TÚ	USTED
• Toma el libro.	*Tómalo. / No lo tomes.*	*Tómelo. / No lo tome.*
• Leer el periódico.	....	....
• Poner la tele.	....	....
• Hacer los ejercicios.	....	....
• Subir la música.	....	....
• Pedir el menú.	....	....
• Repetir las frases.	....	....

la
las
lo
los

11 Por turnos. Elija una casilla para su compañero/a, por ejemplo *A-1*. Él/Ella tiene que conjugar el verbo en imperativo: *escúchelo*.

	1	2	3	4
A	escuchar el disco	no encender el ordenador	empezar la lección	no llamar a un taxi
B	no hacer el trabajo	llamar a los amigos	no mirar las fotos	mandar las cartas
C	no comer los pasteles	decir la verdad	no esperar a los amigos	seguir las instrucciones
D	escribir las cartas	cruzar la avenida	abrir la puerta	no comprar el libro

Usted
Tú/Vos
Vosotros/as
Ustedes

episodio 3

SE RUEDA 3

1 *El sábado es el cumpleaños de Marcos. Ha invitado a unos cuantos amigos y a José, un compañero de trabajo. Este llama por teléfono para saber cómo ir a su casa. Contesta su hermana.*

Escuche la conversación y trace el camino en el plano.

2 **Aquí tiene expresiones de significado equivalente. Escuche de nuevo la conversación. Luego marque (✓) las frases mencionadas.**

1. a. ☐ Está muy cerca.
   b. ☐ No está lejos.

2. a. ☐ Coge la calle Herreros.
   b. ☐ Toma la calle Herreros.

3. a. ☐ Todo recto hasta la Plaza de Castilla.
   b. ☐ De frente hasta la Plaza de Castilla.

4. a. ☐ Gira, la primera... no... la segunda a la derecha.
   b. ☐ Tuerce, la primera... no... la segunda a la derecha.

5. a. ☐ Continúa hasta la Plaza Mayor.
   b. ☐ Sigue hasta la Plaza Mayor.

6. a. ☐ Estamos en el número 29.
   b. ☐ Vivimos en el número 29.

primer plano

3 Ahora lea las explicaciones de Marta y escriba la letra de cada frase del ejercicio 2 en el lugar correspondiente.

Pues es facilísimo y ☐ Mira... ☐ ☐ ☐ y luego la primera a la izquierda y ☐ en la Plaza Mayor, pues la primera a la derecha. ☐

4 En grupos de tres.

Estudiantes A y B

Marcos les ha invitado a la fiesta, y también a su compañero/a C. Este no tiene coche y van a recogerlo a su casa.

Pregúntenle cómo se va. Luego, repítanle las instrucciones para asegurarse de que las han entendido bien.

Viven en la calle Reyes Católicos, enfrente del parque.

Estudiante C

Marcos le ha invitado a su fiesta. Usted no tiene coche y dos compañeros van a ir a recogerle a su casa.

Explíqueles cómo se va.

Usted vive en la calle de Salamanca, detrás del Museo de Ciencias.

5 El sábado en casa de Marcos...
Ya ha empezado la fiesta. Hay muchos invitados. Lea las preguntas que le hacen a Marcos y añada algunas más.

¿Saco las tartas de la nevera?

1. ¿Saco las tartas de la nevera?
2. Oye, ¿dónde puedo dejar el abrigo?
3. ¿Podemos abrir la ventana? Hace mucho calor.
4. ¿Puedo poner este disco? Es que me encanta.
5. No se oye la música, ¿puedo subir un poco el volumen?
6. ....
7. ....
8. ....
9. ....
10. ....

6 Imagine qué responde Marcos.

1. *Sí, sí, sácalas ya.*
2. ....
3. ....
4. ....
5. ....
6. ....
7. ....
8. ....
9. ....
10. ....

episodio 3

aprendiendo
EL GUIÓN

Preguntar un itinerario

• Perdone/a,	¿cómo se va al/a la	Museo del Prado?
• Por favor,	¿para ir al/a la	Plaza Mayor?
	¿el/la	

Expresar ignorancia

• Lo siento, no soy de aquí.
no lo sé.

Explicar un itinerario

• Tome/a	la calle Vega.
• Coja/Coge	la avenida de la Paz.
• Cruce/Cruza esta	avenida.
	calle.
	plaza.
• Gire/Gira	a la derecha.
• Tuerza/Tuerce	a la izquierda.
	la segunda a la izquierda.

• Siga/Sigue	(todo) recto	hasta	el tercer semáforo.
	(todo) derecho		llegar a una plaza.
	de frente		

aquí y allá

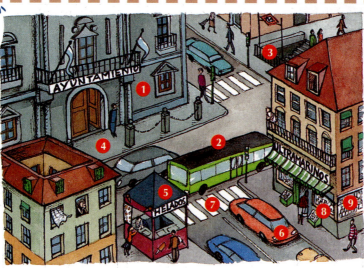

1. El Ayuntamiento
   La municipalidad (Arg.)
2. El autobús
   El colectivo, el minibús (Arg.)
   El camión (Méx.)
3. El metro
   El subte (Arg.)
4. La acera
   La vereda (Arg.)
   La banqueta (Méx.)
5. La heladería
   La nevería (Arg.)
6. El tráfico
   El tránsito (Arg.)
7. El paso de cebra
   La senda peatonal (Arg.)
   El puente peatonal (Méx.)
8. La tienda de ultramarinos
   El almacén de barrio (Arg.)
9. El escaparate
   La vidriera (Arg.)

Archivo

Atrás

Dirección

Tareas en Internet

primer plano

Moverse en la ciudad

Edición Ver Favoritos Herramientas Ayuda

Adelante Detener Actualizar Inicio Búsqueda Favoritos Correo Imprimir

http://www.paginas-amarillas.es   ▼   ➔ Ir a

Situación: usted va a pasar unos días en Madrid y quiere saber qué edificios de interés hay en la parte vieja de la ciudad, concretamente alrededor de la famosa Puerta del Sol. Por ello, decide consultar el callejero de Internet.

① Encontrar el punto de partida

Entre en **http://www.paginas-amarillas.es** y haga el enlace con **callejerohoy.com**.
- Seleccione "Madrid" en el desplegable y pulse **Buscar**.
- Rellene los diferentes campos obligatorios:
  – Ciudad: Madrid.
  – Nombre de la calle: Puerta del Sol.
- Pulse **Buscar**.

② Moverse hasta el Palacio Real

Cada plano tiene ocho puntas que le conducen hacia el lugar indicado.
- Una vez en la Puerta del Sol, diríjase hacia la izquierda por la calle Arenal: ¿Qué edificio importante se halla al final de esta calle?
- Siga en la misma dirección: ¿Qué palacio y plazas relevantes le indica el plano?
- Continúe en la misma dirección: ¿Qué descubre usted?

③ Volver a la Puerta del Sol pasando por la Plaza Mayor

- Recorra el camino en sentido contrario por la calle Mayor, que es una paralela a la calle Arenal.
  – ¿Qué plaza importante encuentra usted en su camino?

Para saber más…

Descubrir qué hay por la zona

Tenga delante el plano de la Plaza Mayor.

- Usted quiere comer en este barrio. ¿Cuántos restaurantes hay? ¿Son españoles? Mantenga el ratón en el icono para saber los nombres.
- ¿Cuál es el alojamiento más próximo a la Plaza Mayor?
- ¿Por qué calles tiene que pasar para ir a la estación de metro más cercana?

Internet

episodio 4

COMPRANDO ROPA

La blusa ancha
La falda
– Buenos días. Quería unos pantalones.

pero también tenemos aquellos de allí.
– No. Estos, estos me gustan.

La camisa
– ¿Qué tal te quedan?

La chaqueta

Los pantalones

primer plano

transcripción

Dependienta: ¡Hola!, ¿te puedo ayudar?
Isabel: Buenos días. Quería unos pantalones.
D.: Sí, ¿y cómo te gustan?
I.: Pues negros, pero no muy anchos.
D.: A ver… ¿qué talla llevas?
I.: Cuarenta y dos.
D.: Mira, tenemos estos modelos, pero también tenemos aquellos de allí.
I.: No. Estos, estos me gustan.
D.: Estos. Cuarenta y dos.
I.: ¿Qué te parecen?
Emilio: Están muy bonitos. A ver, pruébatelos.
D.: Los probadores están allí, a la izquierda.
I.: Permiso.
[**D.:** Yo creo que le van a quedar un poquito estrechos. Son muy justos de cadera y anchos de pata.
E.: Ya, pero..., tú ya ves cómo son.]

....

D.: ¿Qué tal te quedan?
E.: A ver, sal "pa" que te los vea.
I.: No, es que... me quedan estrechos.
E.: ¡Ándale!, no seas payasa.
I.: ¿No tenés un talle más grande?
D.: Sí, claro, ahora te los busco.
[**E.:** Se lo dije.]
D.: ... Este. Toma, la cuarenta y cuatro.
I.: Gracias.
[**E.:** No, si...]

....

D.: ¡Uy!
I.: No sé...
D.: Te quedan fenomenal. Además, con esta blusa estás fantástica. ¿A que sí?
E.: ¡A mí me gustan un montón!
D.: Claro.
I.: ¿Sí?
E.: Sí.
I.: Bueno, no están mal, me los llevo. ¿Cuánto cuestan?
D.: Nueve mil doscientas.
I.: ¿Aceptan tarjeta de crédito?
D.: Por supuesto. Pasa por caja, por favor. Oye, muchas gracias ¿eh?
I.: Chao.
D.: Encantada de conoceros.
E.: Adiós, ¿eh? Hasta luego.

amarillo, naranja, rojo, rosa, violeta, azul claro
azul marino, verde oscuro, verde claro, blanco, marrón, negro

Entrando en materia

Observe las fotografías y clasifique las prendas de vestir:

- De señora.
- De caballero.
- Unisex.

episodio 4

prácticas

¿Ha comprendido bien?

¿Verdadero o falso?

		V	F
1	Isabel quiere comprar unos pantalones.	☐	☐
2	Le gustan negros y anchos.	☐	☐
3	Su talla es la 42.	☐	☐
4	Se los prueba pero no le quedan bien.	☐	☐
5	La dependienta le da otros más pequeños porque los que se ha probado le quedan muy anchos.	☐	☐
6	A Emilio le gustan mucho los segundos pantalones.	☐	☐
7	Los pantalones cuestan 8.200 pesetas.	☐	☐
8	Isabel va a pagar en metálico.	☐	☐
9	La dependienta cobra la prenda.	☐	☐

Secuencias

Ordene el diálogo de cada secuencia.

a. Sí, ¿y cómo te gustan?

b. Pues negros, pero no muy anchos.

c. Buenos días. Quería unos pantalones.

d. ¡Hola!, ¿te puedo ayudar?

1. ....
2. ....
3. ....
4. ....

a. 42.

b. A ver... ¿qué talla llevas?

1. ....
2. ....

primer plano

del vídeo

a Están muy bonitos. A ver, pruébatelos.

b ¿Qué te parecen?
1. ....
2. ....
3. ....

c Los probadores están allí, a la izquierda.

a A ver, sal "pa" que te los vea.

b No, es que... me quedan estrechos. ¿No tenés un talle más grande?

c ¿Qué tal te quedan?

1. ....
2. ....
3. ....
4. ....

d Sí, claro, ahora te los busco.

a ¡A mí me gustan un montón!

b No sé...

c Te quedan fenomenal. Además, con esta blusa estás fantástica. ¿A que sí?

1. ....
2. ....
3. ....

a ¿Aceptan tarjeta de crédito?

b Bueno, no están mal, me los llevo. ¿Cuánto cuestan?

c Por supuesto. Pasa por caja, por favor.

d Nueve mil doscientas.

1. ....
2. ....
3. ....
4. ....

¡A escena!

En una tienda de ropa. ¿Qué se dice para...?

- Pedir y describir una prenda de vestir.
- Preguntar y dar la opinión sobre la prenda.
- Preguntar la forma de pago.

En parejas: representen la siguiente situación.

Estudiante A: usted entra en una tienda de ropa para comprarse unos pantalones azules y estrechos.

Estudiante B: usted trabaja en una tienda de ropa. Su compañero/a quiere comprarse una prenda. Pregúntele qué desea (artículo, color) y cuál es su talla.

episodio 4

LOS DEMOSTRATIVOS

 Observe.

Este cinturón

Ese bolso

Aquel sombrero

SITUACIÓN	masculino		femenino	
	singular	plural	singular	plural
Cerca *(aquí)*	este	estos	esta	estas
Un poco más lejos *(ahí)*	ese	esos	esa	esas
Lejos *(allí)*	aquel	aquellos	aquella	aquellas

2 Complete los diálogos con los demostrativos que corresponden.

 3 Escuche y compruebe.

LOS COMPARATIVOS

 Observe.

El sombrero negro es **más** grande **que** el azul.

El sombrero azul es **menos** caro **que** el negro.

El sombrero azul es **tan** elegante **como** el negro.

30 €

21 €

primer plano

gramatical

¡Ojo! Si el color va acompañado de un adjetivo calificativo, es *invariable*.

5 Observe.

LOS COLORES

amarillo/a	amarillos/as		
negro/a	rojo/a	negros/as	rojos/as
blanco/a		blancos/as	
azul/es	gris/es	marrón/es	verde/s
naranja/s	rosa/s	violeta/s	

 Unos pantalones **azul marino**.

 Unas chaquetas **verde claro**.

 Unas cazadoras **marrón claro**.

6 Miren las prendas de este escaparate, luego compárenlas. Usen los adjetivos de la lista.

caro/a ↔ barato/a   ancho/a ↔ estrecho/a   formal ↔ informal
elegante   bonito/a ↔ feo/a   juvenil

• *Estos pantalones negros son más bonitos que los grises.*

♦ *¿Tú crees? Yo prefiero los grises.*

7 Escuche la conversación y diga si las siguientes afirmaciones son verdaderas o falsas.

	V	F
1. El bolso verde es más caro que el negro.	☐	☐
2. El bolso negro es tan bonito como el verde.	☐	☐
3. Los guantes negros son menos caros que los azules.	☐	☐
4. Los guantes negros son más elegantes que los azules.	☐	☐
5. La cartera roja es más barata que la marrón.	☐	☐
6. La cartera marrón es tan clásica como la roja.	☐	☐

episodio 4

ENCUADRE

ADVERBIOS DE INTENSIDAD

 Observe.

	Adverbio	Adjetivo
La falda es	bastante	bonita.
	muy	juvenil.
	realmente	elegante.
La falda no es	nada	cara.
El jersey no es	nada	elegante.

	Adverbio	Adjetivo
El jersey es	bastante	feo.
	muy	largo.
	realmente	grande.
	demasiado	ancho.
	un poco	estrecho.

Tus pantalones son muy bonitos.

Sí, mucho.

 Observe las prendas de estas personas y forme frases con un elemento de cada columna.

 Arturo

 Valeria

La ropa de Valeria es		bonito.
El vestido es		juvenil.
El bolso es	muy	bonitos.
Arturo no es	realmente	grande.
Los pantalones son	bastante	larga.
La chaqueta es	demasiado	estrechos.
La camisa es	nada	elegantes.
La camisa no es	un poco	feos.
Los zapatos son		elegante.
		corta.

La ropa de Valeria es muy/bastante juvenil.

EXPRESAR GUSTOS Y PREFERENCIAS

 Observe.

• ¿Qué te/le parece esta chaqueta?

☺
- Me parece muy bonita.
- Me encanta.
- Me gusta (muchísimo/mucho/bastante).
- Es preciosa.

☹
- Me parece (demasiado/muy/un poco) larga.
- No me gusta (mucho/nada).
- Es muy fea.

😐 • No sé.

• ¿Qué te/le parecen estos zapatos?

☺
- Me parecen muy elegantes.
- Me encantan.
- Me gustan (muchísimo/mucho/bastante).
- Son preciosos.

☹
- Me parecen (demasiado/muy/un poco) anchos.
- No me gustan (mucho/nada).
- Son muy feos.

😐 • No sé.

11 Escuche los diálogos en una tienda de ropa. ¿De qué están hablando en cada uno de ellos? Escriba el número que corresponde.

primer plano

gramatical

PRONOMBRES CI + CD

 Observe.

¿Me pongo el jersey?	→	¿Me lo pongo?	Póntelo. / No te lo pongas.
¿Me pruebo la camisa?	→	¿Me la pruebo?	Pruébatela. / No te la pruebes.
¿Me compro los zapatos?	→	¿Me los compro?	Cómpratelos. / No te los compres.
¿Me llevo las camisetas?	→	¿Me las llevo?	Llévatelas. / No te las lleves.

¿Te/Le envuelvo el reloj?	→	¿Te/Se lo envuelvo?	Envuélvemelo. / No me lo envuelvas.
¿Te/Le regalo la chaqueta?	→	¿Te/Se la regalo?	Regálamela. / No me la regales.
¿Te/Le doy los pantalones?	→	¿Te/Se los doy?	Dámelos. / No me los des.
¿Te/Le enseño las faldas?	→	¿Te/Se las enseño?	Enséñamelas. / No me las enseñes.

- Orden de los pronombres:
    Primero el indirecto y luego el directo.
    Me pongo el jersey. → *Me lo pongo.*

    | le/les + lo | > | se lo |
    | le/les + los | > | se los |
    | le/les + la | > | se la |
    | le/les + las | > | se las |

    *Cuando **le/les** se juntan con lo, la, los, las, se transforman en **se**.*

- Posición:
    - Normalmente, antes del verbo.
      Le doy la falda a mi hermana. → *Se la doy.*
    - En imperativo afirmativo: después del verbo y unidos a este.
      Dame los pantalones. → *Dámelos.*

 Sustituya las palabras en color por los pronombres correspondientes.

1. Santiago compra un libro a su mujer. — *Se lo compra.*
2. Hago un café para Carlos. — ....
3. Cuento las historias a mis amigos. — ....
4. He traído estos CD para usted. — ....
5. Doy el vestido a la clienta. — ....
6. Regalas un reloj a tu novia. — ....
7. La dependienta indica los precios a los clientes. — ....

 Escuche y complete las frases. Anote las formas en las columnas correspondientes.

	Afirmativo	Negativo
1.	*Cómpramelo.*	....
2.	....	....
3.	....	....
4.	....	....
5.	....	....

 Escuche de nuevo y compruebe. Luego, complete el cuadro con las formas que faltan.

 Ahora, escriba todos los verbos en la forma "usted".

episodio 4

SE RUEDA 4

1 Describa la ropa de cada personaje.

• *Raúl lleva unos pantalones marrones anchos con...*

2 En los probadores...
Belén se está probando varias prendas y le pregunta su opinión a Silvio. Imaginen las conversaciones.

a)

b)

c)

d)

Para hablar de la ropa empleamos: *"¿Qué tal me/te/le queda/n?"*

• ¿Qué te parecen estos pantalones?
♦ No me gustan nada. Te quedan demasiado estrechos.

3 Ahora, escuche las conversaciones y relacione cada situación con una ilustración.

1. .... 3. ....

2. .... 4. ....

primer plano

4 Estudiante A: usted también ha ido a esta tienda a comprarse ropa. Hable con el dependiente. Redacten y escenifiquen las dos situaciones posibles.
Use estas frases:

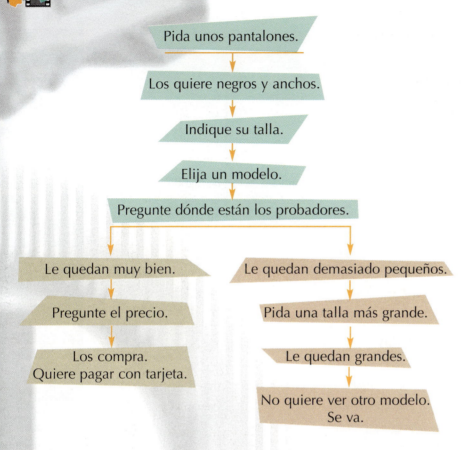

- Me quedan muy bien.
- No, no, déjelo, volveré otro día.
- Pues... negros y anchos.
- ¿Tiene otra talla más grande?
- Me quedan muy grandes.
- Estos me gustan mucho.
- Quería unos pantalones.
- ¿Dónde están los probadores?
- La...
- Me los llevo. ¿Admiten tarjetas?
- No me gustan, me quedan demasiado pequeños.
- ¿Cuánto cuestan?

Estudiante B: usted es el dependiente de la tienda de ropa. Ayude a su compañero. Use las siguientes frases:

- Buenos días. ¿Le puedo ayudar?
- Por supuesto, ahora se los doy.
- ¿Qué talla usa?
- Están allí, al fondo.
- Mire, tenemos estos modelos. ¿Qué le parecen?
- Por supuesto, Checkin y Mastermoney.
- ¿Quiere ver otros modelos?
- ¿Cómo los quiere?
- Sí, son muy bonitos. ¡Pruébeselos!
- 58 euros.
- ¿Qué tal le quedan?

episodio 4

aprendiendo
EL GUIÓN

Atender al cliente
- ¿Qué desea/s?
- ¿Le/Te puedo ayudar?

Pedir y describir una prenda

- Quería
  - un vestido.
  - una falda.
  - unos pantalones.
  - unas camisas.

- Por supuesto, ¿cómo
  - lo
  - la
  - los
  - las
  quiere/s?

- Pues
  - negro/a/s
  - azul/es
  - marrón/es
  - liso/a/s
  - de cuadros
  - de rayas
  - ancho/a/s
  - estrecho/a/s
  - largo/a/s
  - de algodón.
  - de piel.
  - de lana.

Preguntar la talla

- ¿Qué talla usa/s? / tiene/s?
- La 40.

Preguntar y expresar la opinión

- ¿Le/Te gusta/n?
- ¿Cómo me queda/n?
- ¿Qué le/te parece/n?

- Me gusta/n mucho.
- Le/Te queda/n muy bien.

- No me gusta/n.
- Le/Te queda/n
  - un poco
  - muy
  - demasiado
  - largo/a/s.
  - corto/a/s.
  - ancho/a/s.
  - estrecho/a/s.

aquí y allá

1. La cazadora
   La campera (Arg.)
   La chamarra (Méx.)
2. El bañador, el traje de baño
   La malla (Arg.)
   El traje de baño (Méx.)
3. Las bragas
   La bombacha (Arg.)
   Los calzones (Méx.)
4. El sujetador
   El corpiño (Arg.)
   El brassier (Méx.)
5. El jersey
   El pulóver, suéter (Arg.)
   El suéter de punto (Méx.)
6. El chaquetón
   El sacón (Arg.)
7. Los vaqueros
   El jean (Arg.)
8. Las zapatillas de deporte
   Los tenis (Méx.)
9. Los calcetines
   Las medias (Arg.)
10. La cremallera
    El cierre (Arg./Méx.)
11. La chaqueta
    El saco (Arg./Méx.)
12. La falda
    La falda, la pollera (Arg.)
13. El bolso
    La bolsa (Méx.)
14. Las sandalias
    Los huaraches (Méx.)

Archivo
Atrás
Dirección

Tareas en Internet

primer plano

Comprando ropa por Internet

Edición   Ver   Favoritos   Herramientas   Ayuda

http://www.venca.es   Ir a

Situación: usted quiere consultar un catálogo de ropa para comprar algunos artículos.

Visite la página web de Venca: http://www.venca.es.

① Moda informal
- ¿En qué temporada de moda estamos?
- Seleccione "mujer" u "hombre", y a continuación **moda informal**.
  – ¿Qué prenda le gusta más? Pulse sobre ella.
  – ¿Qué características tiene (color, composición, forma…)?
  – ¿Cuál es el precio?

② ¿Qué talla tiene?
- Pulse en **comprueba tu talla**.
- ¿Cómo se comprueba la talla?
- ¿Qué elementos hay que tener en cuenta para determinarla?
  – para una mujer:
  – para un hombre:
- Vuelva a la página de la prenda.
  – ¿Qué precio tiene la prenda escogida en su talla?

Para saber más…

Elija complementos y zapatos apropiados

- En la página principal seleccione **complementos** y escoja alguno que le quede bien con la prenda anterior.
- Haga lo mismo con el calzado.
- ¿Cuánto dinero se ha gastado en total?

EN UNA FARMACIA

La cabeza
La garganta

— Mire, me duele mucho la cabeza y la garganta y tengo tos y estoy muy cansada.

Los medicamentos

— Tómese dos por la mañana y dos por la tarde, ¿de acuerdo? Y no puede tomar alcohol.

— Que se mejore.

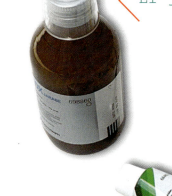

El jarabe

La pomada

Las gotas

Las cápsulas

Los comprimidos

Los sobres

primer plano

transcripción

Farmacéutica: Buenos días, ¿qué desea?

Isabel: Buenos días. Mire, me duele mucho la cabeza y la garganta y tengo tos y estoy muy cansada. ¿Me podría dar algo?

F.: ¿Tiene fiebre?

I.: No, no, no creo.

F.: Parece un resfriado. ¿Está tomando alguna medicación?

I.: No, no, ninguna.

F.: ¿No? Bueno, pues le voy a dar... vamos a ver... aquí: estos sobres. Tómese dos por la mañana y dos por la tarde, ¿de acuerdo? Y no puede tomar alcohol.

I.: No importa.

F.: De todas maneras, si sigue igual dentro de dos o tres días lo aconsejable es ir al médico.

I.: Bien. ¿Cuánto le debo?

F.: Un momentito… Quinientas veinticinco.

I.: A ver, quinientas veinticinco.

F.: Muy bien, pues muchas gracias.

I.: Chao. Hasta luego.

F.: Que se mejore.

Entrando en materia

Relacione cada dolor con el medicamento correspondiente.

1. Dolor de oídos.
2. Dolor de cabeza.
3. Dolor de garganta.
4. Dolor de rodillas.

a. El jarabe.
b. La pomada.
c. El comprimido.
d. Las gotas.

episodio 5

prácticas

¿Ha comprendido bien?

¿Verdadero o falso?

		V	F
1	A Isabel le duele la cabeza.	☐	☐
2	Tiene fiebre.	☐	☐
3	Está tomando aspirinas.	☐	☐
4	La farmacéutica le da una caja de sobres.	☐	☐
5	Isabel tiene que tomar cuatro sobres al día.	☐	☐
6	Con esta medicación, no puede beber alcohol.	☐	☐
7	Si su estado no mejora tendrá que ir al hospital.	☐	☐
8	Los sobres cuestan quinientas setenta y cinco pesetas.	☐	☐

Secuencias

Ordene el diálogo de cada secuencia.

c Buenos días. Mire, me duele mucho la cabeza y la garganta y tengo tos y estoy muy cansada. ¿Me podría dar algo?

b ¿Tiene fiebre?

a Parece un resfriado. ¿Está tomando alguna medicación?

d Buenos días, ¿qué desea?

e No, no, no creo.

f No, no, ninguna.

1. ....
2. ....
3. ....
4. ....
5. ....
6. ....

primer plano

del vídeo

a
De todas maneras, si sigue igual dentro de dos o tres días lo aconsejable es ir al médico.

b
No importa.

1. ....
2. ....
3. ....

c
Bueno, pues le voy a dar... vamos a ver... aquí: estos sobres. Tómese dos por la mañana y dos por la tarde, ¿de acuerdo? Y no puede tomar alcohol.

a
Que se mejore.

b
Un momentito... Quinientas veinticinco.

1. ....
2. ....
3. ....
4. ....
5. ....
6. ....

d
Chao. Hasta luego.

c
¿Cuánto le debo?

e
A ver, quinientas veinticinco.

f
Muy bien, pues muchas gracias.

En una farmacia.
¿Qué se dice para...?

- Hablar del estado físico.
- Pedir algo al farmacéutico.
- Dar consejos a un enfermo.

En parejas: representen la siguiente situación.

Estudiante A: le duele mucho el estómago y entra en una farmacia para pedir un medicamento.

Estudiante B: usted trabaja en una farmacia. Atienda a su compañero/a.

episodio 5

ENCUADRE

HABLAR DEL ESTADO FÍSICO

1 Observe el cuadro. Después localice las estructuras en los diálogos de las ilustraciones.

Tener + sustantivo
Estar + adjetivo
Tener dolor de + nombre de la parte del cuerpo
Doler + nombre de la parte del cuerpo (singular)
Doler + nombre de la parte del cuerpo (plural)
Encontrarse mal / fatal

Me encuentro fatal. Tengo fiebre y dolor de cabeza.

Yo también estoy resfriado. Y tengo tos.

Estoy enfermo. Me duele el estómago. ¿Y a usted?

¿Qué le pasa?

Me duelen los oídos.

el pelo
la oreja
el ojo
el cuello
la nariz
el hombro
la boca
el pecho
la espalda
el codo
el estómago
el brazo
el dedo
las caderas
el tobillo
la muñeca
la pierna
la rodilla
el pie

2 Observe.

DOLER

(A mí)	me			la cabeza.
(A ti/vos)	te			el estómago.
(A él/ella/usted)	le	duele	(un poco,	
(A nosotros/as)	nos		mucho,	
(A vosotros/as)	os	duelen	muchísimo)	los dientes.
(A ellos/ellas/ ustedes)	les			las piernas.

3 Escuche y marque qué le duele a cada persona.

A Silvia
A Natalia
A Antonia
A Carlos

primer plano

gramatical

EL SUPERLATIVO

 4 Observe.

			¡*Qué* + adjetivo!
Estoy muy cansada.	=	Estoy cansadísima.	¡Qué cansada estoy!
Este libro es muy interesante.	=	Es interesantísimo.	¡Qué interesante!
El ejercicio es muy fácil.	=	Es facilísimo.	¡Qué fácil!

muy rico/a > riquísimo/a   muy largo/a > larguísimo/a

 5 Escuche y localice cada situación. Luego, transforme las frases como en el modelo.

Está muy salada. Está saladísima.

....

....

....

 6 En grupos de tres. Escuchen. ¿De qué o de quién piensan que están hablando? Luego, comparen sus respuestas con las de otro grupo.

1. • *Están hablando de una película.*
   ◆ *No, están hablando de una persona.*

 7 Vuelva a escuchar la grabación y complete el cuadro.

	¡QUÉ + ADJETIVO!	SUPERLATIVO
1.	¡Qué divertida!	Divertidísima.
2.		
3.		
4.		
5.		

episodio 5

ENCUADRE

CONSEJOS Y RECOMENDACIONES

8 Observe.

A. *Para dar un consejo de forma personal.*

(No) Tener que	+ infinitivo		tienes/tenés/tiene que ir al médico.
(No) Deber	+ infinitivo	Si te/le duele la cabeza,	debes/debés/debe ir al médico.
Imperativo			ve/andá/vaya al médico.
¿Por qué no	+ presente?		¿por qué no vas/andás/va al médico?

9 Escuche e indique con qué ilustración se corresponden los consejos o recomendaciones.

10 En grupos de tres. Encuentren más consejos y recomendaciones para cada persona.

1. • Tiene tos porque fuma demasiado. Tiene que dejar de fumar.
   ◆ Sí, pero no es fácil...

B. *Para dar un consejo de forma impersonal.*

(No) Hay que			hay que ir a una academia.
(No) Conviene	+ infinitivo	Para hablar bien español	conviene leer mucho.
(No) Se debe			se debe estudiar mucho.
(No) Es aconsejable			es aconsejable ir a España.

11 En grupos de tres. ¿Qué hay o no hay que hacer en las siguientes situaciones? Escriban al menos dos recomendaciones para cada una.

1. Para estar en forma. 2. Para evitar el estrés. 3. Para no engordar.

• *Para estar en forma hay que hacer mucho deporte y dormir ocho horas diarias.*
◆ *Exacto. Y conviene no fumar ni beber alcohol.*
■ *Sí, y no hay que acostarse demasiado tarde ni tomar mucho café.*

primer plano

gramatical

POCO, MUCHO, DEMASIADO

*Con un **nombre**: concuerdan en **género** y **número**.*

*Con un **verbo**: son **invariables**.*

12 Observe.

Bebo poca / demasiada / mucha leche.
Tomo pocas / demasiadas / muchas frutas.
Como poco / demasiado / mucho chocolate.
Como pocos / demasiados / muchos dulces.

No conviene dormir poco.
Fumas demasiado.
No hay que comer mucho.

13 En parejas. ¿Saben por qué son buenos o malos los siguientes alimentos? Relacionen.

Las hamburguesas
Las patatas fritas
Los cereales
Las naranjas
El pescado
Los refrescos
La fruta
La verdura
El café

es bueno/a porque tiene
es malo/a porque tiene
son buenos/as porque tienen
son malos/as porque tienen

demasiada
muchas
muchos
demasiado
mucha

minerales.
vitaminas.
azúcar.
proteínas.
cafeína.
grasa.
fibra.
vitamina C.

14 La señora Nieto llama a su hijo. Como no está en casa, le deja un mensaje en el contestador con algunos consejos. Escuchen y comprueben las respuestas de la actividad anterior.

15 ¿Saben qué otros alimentos son buenos o malos para la salud? Escriban una lista.

• *El chocolate tiene mucha grasa y demasiado azúcar.*
♦ *Sí... ¡pero está buenísimo!*

episodio 5

SE RUEDA 5 ¡Mens sana in corpore sano! ¡Mente sana en un cuerpo sano!

1 En parejas: aquí tienen una encuesta sobre la salud y sobre cómo mantenerse en forma. Antes de leerla, piensen qué dos preguntas pueden aparecer.

- *Pues yo creo que una pregunta puede ser: "¿Come usted mucha verdura?".*
- *Sí, y también: "¿Practica usted algún deporte?".*

2 Ahora, completen la encuesta con las siguientes palabras y frases.

1. a una hora diferente.
2. Sí, más de un paquete diario.
3. No, está satisfecho con su aspecto.
4. comidas
5. Practica usted algún deporte
6. régimen
7. Tiempo libre
8. Los dientes.
9. hora
10. Qué hace cuando está enfermo
11. Sí, con asiduidad.
12. desconecta
13. Pide consejo al farmacéutico.
14. cuerpo
15. toma de todo pero con moderación.
16. Se lleva trabajo a casa.
17. Entre tres y cinco.

1. ¿..?
   a) ....
   b) De vez en cuando, cuando tiene tiempo.
   c) Casi nunca.

2. ¿..?
   a) Va al médico.
   b) ....
   c) Se automedica.

3. ¿Usted fuma?
   a) ....
   b) Sí, menos de un paquete diario.
   c) No.

4. ¿Cuál es su parte del .... más frágil?
   a) La espalda.
   b) ....
   c) Otra/s (¿cuál/es?): ....

5. En las ....
   a) toma poca verdura.
   b) incluye mucha grasa.
   c) ....

6. ¿Cuántas horas dedica por semana al ....?
   a) Menos de tres.
   b) ....
   c) Más de cinco.

7. ¿Ha hecho .... alguna vez?
   a) Mañana lo empieza.
   b) Vive a régimen.
   c) ....

8. Todos los días come...
   a) a la misma ....
   b) casi siempre a la misma hora.
   c) ....

9. Termina el trabajo a las seis, ¿qué hace?
   a) Se queda una hora más porque tiene muchísimo trabajo.
   b) ....
   c) Se va y .... del trabajo.

primer plano

3 Ahora, hagan la encuesta y anoten las respuestas.

Nombre: *Hans.*

1. a) ☐ b) ☒ c) ☐   *Juega al tenis con unos amigos dos o tres veces al mes.*
2. a) ☐ b) ☐ c) ☐   ....
3. a) ☐ b) ☐ c) ☐   ....
4. a) ☐ b) ☐ c) ☐   ....
5. a) ☐ b) ☐ c) ☐   ....
6. a) ☐ b) ☐ c) ☐   ....
7. a) ☐ b) ☐ c) ☐   ....
8. a) ☐ b) ☐ c) ☐   ....
9. a) ☐ b) ☐ c) ☐   ....

- • *Hans, ¿practicas algún deporte?*
- ♦ *Pues... respuesta b): de vez en cuando, cuando tengo tiempo. Juego al tenis con unos amigos dos o tres veces al mes. ¿Y tú?*
- • *Yo, a): voy al gimnasio todos los jueves.*

4 Ahora, intercambien sus respuestas con las de otra pareja y analícenlas.

- • *Me parece que Mario fuma demasiado y practica poco deporte.*
- ♦ *Me parece que Matilde está un poco estresada: tiene muchísimo trabajo. Pero come de todo con moderación.*

5 ¿Qué consejos dan a cada compañero?

- • *Mario, debes fumar menos. El tabaco es malísimo para la salud.*
- ♦ *Matilde, trabajas demasiado. Seguro que los fines de semana estás cansadísima. Tienes que pensar menos en el trabajo. ¿Por qué no dedicas más horas al tiempo libre?*

episodio 5

aprendiendo
EL GUIÓN

Preguntar a alguien por su estado físico
- ¿Cómo está/s?
- ¿Qué le/te pasa?

Hablar del estado físico
- Estoy
  - fatal.
  - (muy) cansado/cansadísimo/a.
  - resfriado/a.
  - enfermo/a.
- Tengo
  - náuseas.
  - fiebre.
  - anginas.
  - la gripe.
  - tos.
  - dolor de
    - estómago.
    - muelas.
    - espalda.
- ¡Qué cansada estoy!
- Me duele (un poco/mucho/muchísimo)
  - la cabeza.
  - el estómago.
- Me duelen (un poco/mucho/muchísimo)
  - las muelas.
  - las piernas.

Pedir algo en la farmacia
- Me duele(n)
  - la garganta,
  - las muelas,
- ¿me
  - puede
  - podría
- dar algo?
- Quería algo para
  - la tos.
  - el dolor de estómago.

1. El cardenal, el hematoma
   El moratón (Méx.)
2. La tirita
   La curita (Arg.)
   El curita (Méx.)
3. Romperse un hueso
   Quebrarse un hueso (Arg.)
4. El resfriado
   El resfrío (Arg.)

primer plano

Es mejor prevenir que curar

Edición   Ver   Favoritos   Herramientas   Ayuda

Adelante Detener Actualizar Inicio Búsqueda Favoritos Correo Imprimir

http://www.paginas-amarillas.es   Ir a

Situación: usted va a hacer un viaje y quiere informarse de cómo actuar ante posibles afecciones, y de qué tiene que llevar en la maleta.

Visite el sitio de las Páginas de la Salud **en la siguiente dirección:** http://www.paginas-amarillas.es/.

① El botiquín de urgencia
- Pinche en el enlace **Páginas de la Salud**.
- Seleccione después **El botiquín de urgencia**.
  – ¿Qué elementos no le parecen indispensables?
  – ¿Para qué sirve el imperdible?
  – ¿Con qué se extraen las astillas?

② Las afecciones comunes
- Vuelva a la página anterior y escoja esta vez **Afecciones comunes**.
- De entre todas las afecciones, ¿cuáles son las más comunes entre los turistas?
- Vaya al apartado "Agotamiento por calor":
  – ¿En qué consiste?
  – ¿Qué se debe hacer con la persona que tiene estos síntomas?
  – ¿Qué hay que darle?
- Lea ahora la información relativa a "Vómitos y diarreas" y diga si es verdadero o falso:

	V	F
– Al principio hay que alimentar muy bien al enfermo: carne, paella…	☐	☐
– Es recomendable añadir un poco de azúcar y limón a las bebidas.	☐	☐
– Las grasas y los productos derivados de la leche son buenos.	☐	☐

Para saber más…

Qué hacer si sufre quemaduras

- Acceda a **Primeros auxilios** y lea el apartado referente a "Quemaduras".

Internet

HACIENDO LA COMPRA EN UN MERCADO

– ¡Hola, buenos días! ¿Qué le pongo?

El jamón

– Deme dos kilos de naranja.

El melón

¿A cómo está el kilo?
– Nada, a veinte duros.

La lechuga

Las naranjas

La coliflor

El tomate

El besugo

primer plano

transcripción

Emilio: ¡Buenos días!

Dependiente: ¡Hola, buenos días! ¿Qué le pongo?

E.: Quería una coliflor.

D.: Así, como esta, ¿no?

E.: Esa está muy grande. Póngame una más chiquita. A ver... ¡esa!

D.: ¿Qué más?

E.: Deme dos kilos de naranja, y un kilo de tomate, ¡ah! y una lechuga.

....

Clienta: Buenos días, ¿la última?

E.: El último soy yo, pero ya me están atendiendo.

C.: Gracias.

....

E.: La lechuga.

D.: Bueno... ¿alguna cosita más?

E.: ¡Ay!, se me olvidaba, deme un melón, pero que esté madurito. ¿A cómo está el kilo?

D.: Nada, a veinte duros.

E.: Pues póngame uno.

D.: Aquí tiene. Ya verá qué bueno le sale. ¿Más?

E.: Pues ¿cuánto, cuánto es?

D.: Nada. Mil pelillas.

E.: Mil pesetas.

D.: Gracias.

E.: Pues gracias, ¿eh? A ver... Hasta luego.

....

[**D.:** Hasta luego. ¡Hola, guapa!

C.: Buenos días.

D.: ¿Qué te pongo?

C.: Pues mira, me ha dado mucha envidia el melón, pero... si es que sólo me lo como yo luego. Se me queda todo... se me pasa.]

---

1 lechuga
1 barra de pan
1 melón
200 gramos de jamón
tomates
1 coliflor
1 besugo
naranjas

Entrando en materia

1. **Observe la lista de la compra. ¿Qué productos se compran...?**
   - En la frutería-verdulería.
   - En la carnicería.
   - En la pescadería.
   - En la panadería.

2. **Lea estas frases. ¿Quién habla, el cliente (C) o el dependiente (D)?**
   - ¿Qué le pongo?
   - Quería una coliflor.
   - Deme un kilo de tomates.
   - ¿Qué más?
   - ¿A cómo está el kilo?
   - ¿Cuánto es?
   - Son 1.000 pesetas.

episodio 6

prácticas

¿Ha comprendido bien?

¿Verdadero o falso?

		V	F
1	Emilio compra una coliflor, naranjas, manzanas y un melón.	☐	☐
2	Quiere una coliflor pequeña.	☐	☐
3	Quiere un melón bien maduro.	☐	☐
4	El melón está a 300 ptas. el kilo.	☐	☐
5	El total de la compra es 1.000 ptas.	☐	☐
6	La chica ya conoce al dependiente.	☐	☐

Secuencias

Ordene el diálogo de cada secuencia.

a ¡Buenos días!

b ¡Hola, buenos días! ¿Qué le pongo?

1. ....
2. ....
3. ....
4. ....

c Así, como esta, ¿no?

d Quería una coliflor.

primer plano

del vídeo

b Deme dos kilos de naranja, y un kilo de tomate, ¡ah! y una lechuga.

a ¿Qué más?

1. ....
2. ....

a El último soy yo, pero ya me están atendiendo.

b Buenos días, ¿la última?

1. ....
2. ....

a Nada, a veinte duros.

b ¡Ay!, se me olvidaba, deme un melón, pero que esté madurito. ¿A cómo está el kilo?

c Pues póngame uno.

d Nada. Mil pelillas.

e Pues ¿cuánto, cuánto es?

f Bueno… ¿alguna cosita más?

1. ....
2. ....
3. ....
4. ....
5. ....
6. ....

a ¿Qué te pongo?

b Buenos días.

c ¡Hola, guapa!

1. ....
2. ....
3. ....

¡A escena!

En el mercado.
¿Qué se dice para…?

- Pedir un producto.
- Preguntar un precio.
- Pedir la vez.

En parejas: representen la siguiente situación.

Estudiante A: usted va al mercado para comprar 2 kg. de naranjas, 1 melón y 1 kg. de manzanas. Antes de comprar, pregunte los precios.

Estudiante B: usted trabaja en la frutería del mercado. Atienda a su compañero/a. Estos son los precios de algunos productos: naranjas: 270 ptas. (1,6 €) el kg.; melones: 120 el kg.; manzanas: 220 ptas. (1,3 €) el kg.

episodio 6

ENCUADRE

EL PRETÉRITO IMPERFECTO DE INDICATIVO

1 Observe y lea.

Al volver del mercado, Emilio se sienta en el salón del hotel. Llega el cliente que conoció el primer día y se ponen a charlar. Primero hablan de lo que han hecho por la mañana y luego empiezan a recordar su infancia.

¿Y tú te acuerdas de cuando eras pequeño?

Ya lo creo, ya lo creo...

Y yo en un pueblo.

Yo vivía en México DF.

Comía en el colegio.

Yo volvía a casa.

Me gustaban las matemáticas.

Yo prefería la química.

Todos los veranos iba a la playa.

Y yo, a casa de mis abuelos.

Aquí aparece el **imperfecto de indicativo**. Se usa para describir actividades habituales en el pasado.

Éramos jóvenes...

2 Fíjese en las formas verbales del cómic e indique los infinitivos correspondientes.

	VERBOS REGULARES			VERBOS IRREGULARES		
	COMPRAR	COMER	VIVIR	IR	SER	VER
(Yo)	compraba	comía	vivía	iba	era	veía
(Tú/Vos)	comprabas	comías	vivías	ibas	eras	veías
(Él/Ella/Usted)	compraba	comía	vivía	iba	era	veía
(Nosotros/as)	comprábamos	comíamos	vivíamos	íbamos	éramos	veíamos
(Vosotros/as)	comprabais	comíais	vivíais	ibais	erais	veíais
(Ellos/Ellas/Ustedes)	compraban	comían	vivían	iban	eran	veían

primer plano

gramatical

3 En grupos de tres: comparen su adolescencia. Piensen en...

- Dónde vivían.
- Qué les gustaba hacer.
- Cómo eran.
- Cómo vestían.
- Qué hacían en vacaciones.
- Qué hacían los fines de semana.

• Paul, ¿tú dónde vivías?
◆ Vivía en una ciudad pequeña.

4 En los últimos años la vida ha cambiado muchísimo. Por ejemplo, en 1980 no había tantos teléfonos móviles como ahora.
En grupos de tres: describan cómo vivía la gente hace unos 50 años. ¿Qué cosas han cambiado?

• La gente no navegaba por Internet.
◆ ¡Exacto! Y no existían los ordenadores portátiles.

5 Observen estas imágenes y las descripciones e intenten relacionarlas. Luego, comparen sus respuestas con las de otra pareja.

a

b

c

d

e

- ✓ Llevaba bigote, un sombrero negro y un bastón.
- ✓ Era una actriz americana.
- ✓ Era director de cine.
- ✓ Este genial pintor tenía un bigote particular.
- ✓ Era actor de películas mudas.
- ✓ Era rubia y muy guapa.
- ✓ Siempre aparecía en sus películas.
- ✓ En los años 60 sólo existía en blanco y negro.
- ✓ Cantaba.
- ✓ Era gordo y calvo.

6 ¿Podrían añadir más información? Escuchen la grabación y comparen.

episodio 6

ENCUADRE

 7 Escuche y observe las ilustraciones.

El otro día, Isabel y Emilio decidieron ir al Museo del Prado.

Pero .... lunes y el museo .... cerrado.

Entonces, tomaron un taxi para ir al teatro.

.... un atasco tremendo,

llegaron demasiado tarde y no .... entradas.

.... mucho calor. Isabel .... un poco cansada.

Al lado del teatro .... un cine. Entraron.

La película .... aburridísima y se fueron.

.... las siete de la tarde. Entraron en un bar para tomar una copa.

.... mucha gente y mucho ruido. Se sentaron al lado de otra pareja y ¡qué casualidad!, el hombre .... mexicano, como Emilio.

Emilio les invitó a tomar una copa. .... muy simpáticos.

A las nueve y media los cuatro se fueron a cenar a un restaurante.

 8 Escuche de nuevo y complete los textos con los verbos que faltan.

USOS DEL IMPERFECTO Y DEL INDEFINIDO

 9 Observe.

- El **imperfecto** se emplea para:
  a) Explicar el contexto en que se produce una acción. *Era lunes*.
  b) Describir algo del pasado. *La película era aburridísima*.

- El **indefinido** se emplea para: Hablar de las acciones. *Tomaron un taxi*.

 10 Busque más ejemplos de estos usos en la historia del ejercicio 7.

primer plano

gramatical

11 En parejas: van a contar lo que hizo Sonia el domingo pasado. Sigan estos pasos:

a) Escuchen la grabación.
b) Completen el siguiente resumen con los verbos de la lista en pretérito indefinido.

ver • montarse • quedar • tomar • llamar • llegar • comer
invitar • sacar • encantar • volver • montarse • aceptar • gustar

El domingo por la mañana, Patricia .... a su amiga Sonia y la .... a ir al Parque de Atracciones por la tarde. Sonia .... a las dos delante del Parque. Sonia .... un poco tarde. Patricia y sus amigos .... las entradas. Primero .... en la montaña rusa. A los chicos les .... pero a Sonia no. Después, ... una película en 3D (tres dimensiones), les .... mucho. Luego, ... a la montaña rusa, pero Sonia no .... Luego, ... unos refrescos y .... unos bocadillos.

c) Ahora, añadan más detalles al texto con las circunstancias y las descripciones convenientes. Aquí tienen algunas, elijan las que quieran. También pueden indicar otras.

estaba sola • había una cola muy larga • tenía ganas de salir • era muy interesante
estaban un poco cansados • hacía un tiempo estupendo • hacía mucho calor
no le gustaba • tenían hambre • vivía muy lejos del Parque • tenía miedo
el tráfico estaba imposible • era impresionante • querían divertirse

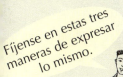

Fíjense en estas tres maneras de expresar lo mismo.

Como	**Circunstancia**	**Acción**
Como	el tráfico estaba imposible	llegó un poco tarde.

Acción	**porque**	**Circunstancia**
Llegó un poco tarde	porque	el tráfico estaba imposible.

Circunstancia	**por eso**	**Acción**
El tráfico estaba imposible,	por eso	llegó un poco tarde.

d) Presenten su texto a la clase.

12 Y usted, ¿qué hizo el fin de semana pasado? Cuénteselo a sus compañeros. Use las siguientes referencias temporales:

por la mañana • por la tarde • por la noche • primero • luego/después
(un poco) más tarde • antes/después de (+ infinitivo) • a las tres/cuatro...

Pues yo, el sábado por la tarde llamé a una amiga porque era su cumpleaños y por la noche cenamos juntos en un chino. El restaurante era pequeño pero muy agradable. Comimos pato en salsa, estaba buenísimo. Después de cenar...

episodio 6

SE RUEDA 6

1 Es sábado y está comprando en este supermercado. Esta es su lista de la compra. ¿A qué secciones va a ir? Relacione.

- 1 kg. de naranjas
- 2 pizzas Margarita congeladas
- 2 chuletas de cerdo
- 1 litro de leche
- 1/2 kg. de merluza
- 12 yogures naturales
- 1 lata de guisantes
- 1 melón
- 300 gramos de chorizo
- 3 barras de pan integral
- 1 tarta de nata y chocolate
- 4 filetes de ternera

- CARNICERÍA
- CONGELADOS
- PRODUCTOS LÁCTEOS
- CONSERVAS
- PANADERÍA
- PESCADERÍA
- FRUTERÍA
- CHARCUTERÍA
- PASTELERÍA

2 En grupos de tres: ¿qué otros productos se pueden comprar en un supermercado? Hagan una lista. Luego comparen sus respuestas con las de la clase.

- Se puede comprar queso, arroz...
- Sí, y también libros, pantalones, CD...

primer plano

3 Manuel (personaje n.º 4) ha ido al supermercado. ¿Qué ha comprado?

4 Ahora, escuche la grabación y conteste a estas preguntas:

- ¿Qué tenía que comprar?
- ¿Qué no tenía que comprar?
- ¿Qué ha olvidado?

5 Observe de nuevo la ilustración y localice a cada cliente. Escriba el número correspondiente y justifique su respuesta.

Dolores tiene una familia numerosa.	....
Sonsoles es vegetariana.	....
A Paloma le encantan las golosinas.	....
El sábado Alejandro va a celebrar su cumpleaños.	....

6 La señora Martín está en la pescadería del supermercado. Escriban y representen el diálogo con el pescadero. Miren la lista de la compra.

> Fíjese: El imperfecto se usa para pedir productos de forma cortés.

> Buenos días. Quería un lenguado.

1 lenguado
un cuarto de kilo de mejillones
medio kilo de merluza
(si no está muy cara)

episodio 6

aprendiendo
EL GUIÓN

Pedir la vez

- ¿La última?/¿Quién es la última?   ◆ Yo.

Pedir un producto

- ¿Qué | desea? / le pongo?
  - ◆ Quería
  - ◆ Póngame
  - ◆ Deme

  un filete de ternera/pollo.
  dos chuletas de cerdo/cordero.
  una coliflor.
  medio kilo de tomates.
  300 gramos de jamón.
  media/una docena de huevos.
  un litro de leche.
  una barra de pan.
  un paquete de galletas.

- Aquí tiene. ¿Qué más? / ¿Algo más? / ¿Alguna cosita más?

Preguntar el precio

- ¿A cómo/cuánto está el melón?   ◆ A 120 ptas. (0,72 €).
- ¿Qué valen | las naranjas?   ◆ 200 ptas. (1,2 €) el kg.
- ¿Cuánto cuestan

Pedir la cuenta

- ¿Me cobra?
- ¿Cuánto | es? / le debo?   ◆ A ver... 1.500 ptas. (9 €).   • Aquí tiene, gracias.   ◆ A usted.

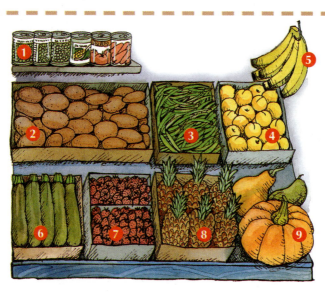

1. El guisante
   La arveja (Arg.)
   El chícharo (Méx.)
2. La patata
   La papa (Arg.)
3. Las judías verdes
   La chaucha (Arg.)
4. El melocotón
   El durazno (Arg.)
   El melocotón, el durazno (Méx.)
5. El plátano
   La banana (Arg.)
6. El calabacín
   El zapallito largo, la cuza (Arg.)
7. Las fresas
   La frutilla (Arg.)
8. La piña
   El ananá (Arg.)
9. La calabaza
   El zapallo (Arg.)

primer plano

En la cocina

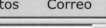

http://www.terra.es

Situación: ha invitado a una pareja de amigos a cenar a su casa. Quiere preparar algún plato típico: como entrada o de primero, un plato mexicano y de segundo uno argentino. Infórmese de qué ingredientes necesita y de cómo se preparan.

Conéctese con la página web siguiente: http://www.terra.es.
En la página principal seleccione el enlace **Gastronomía** y luego **En la cocina**.

① Las entradas y el primero
- En "Tipo de cocina" marque "mexicana".
- En categorías, indique "Entradas" o "Primeros". Dé a **Buscar**.
  – ¿Cuántos resultados ha encontrado?
- Pulse sobre las recetas que le parezcan interesantes para decidirse por una.
  – ¿Cuál ha elegido? ¿Qué ingredientes necesita? ¿Cómo se elabora?

② El segundo plato
- Vuelva a la página de búsqueda y seleccione "carnes" en el apartado de categorías.
- En "Tipo de cocina" seleccione "argentina". Inicie la búsqueda en **Buscar**.
  – ¿Cuántos resultados ha encontrado?
  – ¿Qué receta le parece más interesante?
- Pinche en el icono de la receta escogida.
  – ¿Qué ingredientes lleva?
  – ¿Le parece fácil?

Para saber más...

La receta del día

- Si no le gusta ninguna de estas recetas, ¿por qué no consulta la receta del día? En la página principal de **En tu cocina** cada día proponen una. ¿Cuál es la receta de hoy?

- Si tiene alguna duda, puede consultar el diccionario culinario en la página **http://www.ciudadfutura.com/recetas**.

episodio 7

EN UNA OFICINA DE CORREOS

– ¡Hola, qué tal! Mira, quería mandar una carta para Buenos Aires. ¿Puede ser?

– No importa. Urgente y certificada.

rellene este impreso. Póngame, por favor, muy clarito el destinatario,

– ¡Ah!, porque es muy importante, ¿sabés? que... que llegue esta carta,

El matasellos

primer plano

transcripción

El impreso para carta certificada

El destinatario

Los sellos

Empleada: ¡Hola!

Isabel: ¡Hola! ¿Qué tal? Mira, quería mandar una carta para Buenos Aires. ¿Puede ser?

E.: Mmm. ¿Cómo la quiere mandar?

I.: Normal.

E.: Pues son... ciento quince pesetas.

I.: Bien. ¿Tenés idea más o menos cuánto tarda la carta?

E.: Pues a Buenos Aires... dentro de unos diez días aproximadamente.

I.: ¡Ah!, ¿y no puede ser antes?

E.: Sí, urgente, pero es más caro.

I.: No importa. Urgente y certificada.

E.: Muy bien. Entonces son seiscientas setenta y cinco pesetas. Tome, rellene este impreso.
Póngame, por favor, muy clarito el destinatario, para que llegue correctamente.

I.: Ah, bueno. Cualquier problema que haya, ¿la carta te la devuelven?

E.: Por supuesto, para eso está certificada.

I.: ¡Ah!, porque es muy importante, ¿sabés? que... que llegue esta carta, porque es para un laburo; es que mi mamá me tiene que pasar unos papeles, y si no me los pasa...

E.: No se preocupe. Es certificada y urgente, no hay ningún problema.

I.: Bueno, bárbaro. Acá entonces, ¿no?

E.: Sí, sí.

Entrando en materia

Aquí tiene algunas de las frases del vídeo.

1. ¿En qué orden cree que las va a oír?
- ☐ Dentro de unos diez días.
- ☐ ¿Cómo la quiere mandar?
- ☐ Tome, rellene este impreso.
- ☐ ¿Y no puede ser antes?
- ☐ Quería mandar una carta para Buenos Aires.
- ☐ Normal.
- ☐ No importa. Urgente y certificada.
- ☐ ¿Tenés idea más o menos cuánto tarda la carta?
- ☐ Sí, urgente, pero es más caro.

2. ¿Quién dice cada una, Isabel o la empleada?

episodio 7

prácticas

¿Ha comprendido bien?

¿Verdadero o falso?

		V	F
1	Isabel quiere mandar una carta a Argentina.	☐	☐
2	La carta tardará unos diez días en llegar.	☐	☐
3	La tarifa urgente es igual que la normal.	☐	☐
4	Para enviar una carta certificada hay que rellenar un impreso.	☐	☐
5	Si hay algún problema, la carta certificada vuelve al remitente.	☐	☐

Secuencias

Ordene el diálogo de cada secuencia.

a. Pues son… ciento quince pesetas.
b. Mira, quería mandar una carta para Buenos Aires. ¿Puede ser?
c. Normal.
d. Mmm. ¿Cómo la quiere mandar?

1. ....
2. ....
3. ....
4. ....

b. Pues a Buenos Aires… dentro de unos diez días aproximadamente.
a. ¿Tenés idea más o menos cuánto tarda la carta?

1. ....
2. ....

primer plano

del vídeo

a Sí, urgente, pero es más caro.

b Muy bien. Entonces son seiscientas setenta y cinco pesetas.

c No importa. Urgente y certificada.

d ¡Ah!, ¿y no puede ser antes?

1. ....
2. ....
3. ....
4. ....

a Tome, rellene este impreso. Póngame, por favor, muy clarito, el destinatario para que llegue correctamente.

b Por supuesto, para eso está certificada.

c Cualquier problema que haya, ¿la carta te la devuelven?

1. ....
2. ....
3. ....

¡A escena!

En una oficina de Correos. ¿Qué se dice para…?

- **Solicitar un servicio al empleado. Contestar.**
- **Preguntar sobre la rapidez del servicio. Contestar.**
    - **Expresar urgencia.**

En parejas: representen la siguiente situación.

Estudiante A: usted va a Correos a mandar una carta certificada a México. Es muy urgente. Quiere saber cuándo llegará.

Estudiante B: usted trabaja en la oficina de Correos. Atienda a su compañero/a.

episodio 7

ENCUADRE

EL PRESENTE DE SUBJUNTIVO

1 Observe.

VERBOS REGULARES

	MANDAR	LEER	ESCRIBIR
(Yo)	mande	lea	escriba
(Tú/Vos)	mandes	leas	escribas
(Él/Ella/Usted)	mande	lea	escriba
(Nosotros/as)	mandemos	leamos	escribamos
(Vosotros/as)	mandéis	leáis	escribáis
(Ellos/Ellas/Ustedes)	manden	lean	escriban

VERBOS IRREGULARES — Verbos con alteraciones vocálicas

	CERRAR	VOLVER	PEDIR	DORMIR
(Yo)	cierre	vuelva	pida	duerma
(Tú/Vos)	cierres	vuelvas	pidas	duermas
(Él/Ella/Usted)	cierre	vuelva	pida	duerma
(Nosotros/as)	cerremos	volvamos	pidamos	durmamos
(Vosotros/as)	cerréis	volváis	pidáis	durmáis
(Ellos/Ellas/Ustedes)	cierren	vuelvan	pidan	duerman

Son irregulares en la primera persona del presente de indicativo.

	DECIR	HACER	PONER	TENER
(Yo)	diga	haga	ponga	tenga
(Tú/Vos)	digas	hagas	pongas	tengas
(Él/Ella/Usted)	diga	haga	ponga	tenga
(Nosotros/as)	digamos	hagamos	pongamos	tengamos
(Vosotros/as)	digáis	hagáis	pongáis	tengáis
(Ellos/Ellas/Ustedes)	digan	hagan	pongan	tengan

Más verbos: venir (venga, vengas…), producir (produzca, produzcas…)…

Otros verbos irregulares

	DAR	ESTAR	HABER
(Yo)	dé	esté	haya
(Tú/Vos)	des	estés	hayas
(Él/Ella/Usted)	dé	esté	haya
(Nosotros/as)	demos	estemos	hayamos
(Vosotros/as)	deis	estéis	hayáis
(Ellos/Ellas/Ustedes)	den	estén	hayan

	IR	SABER	SER
(Yo)	vaya	sepa	sea
(Tú/Vos)	vayas	sepas	seas
(Él/Ella/Usted)	vaya	sepa	sea
(Nosotros/as)	vayamos	sepamos	seamos
(Vosotros/as)	vayáis	sepáis	seáis
(Ellos/Ellas/Ustedes)	vayan	sepan	sean

primer plano

gramatical

2 Relacione cada frase con una ilustración.

1. Escriba clarito el nombre del destinatario **para que** la carta **llegue** correctamente.

2. Quiero que vuelvas antes de las ocho.

3. Espero que gane el Real Madrid.

4. ¿Quieres que llame al médico?

a

c

b

d

3 Escriba el número de las frases correspondientes.

El presente de subjuntivo se usa para...

- Expresar deseo: ☐
- Expresar voluntad: ☐
- Expresar finalidad: ☐
- Ofrecer ayuda: ☐

4 En grupos de tres. ¿Qué esperan ustedes de...?

- Un empleo.
- Sus compañeros de trabajo.
- Sus amigos.
- Los políticos.

• Yo espero de un empleo que sea interesante.
• Yo también.

5 Ahora, escuchen a dos españoles contestar a las preguntas y anoten las respuestas. ¿Qué les parecen?

episodio 7

ENCUADRE

6 Escuche y escriba las frases. Luego imagine quiénes hablan.

1. • *Unos padres a su hijo.*
   ♦ *Sí, el hijo va a viajar solo en tren y los padres están preocupados.*

7 Ofrezca ayuda a estas personas.

1. Su compañero no sabe hacer un ejercicio.
   ¿Quieres que te explique la regla de gramática?
   ....

2. Su hermana está enferma y no puede ir a la farmacia a comprar las medicinas.
   ....

3. Está fumando y a la persona que está sentada a su lado le molesta mucho el humo.
   ....

4. Es domingo, un amigo le llama por teléfono porque está solo en casa y aburrido.
   ....

5. Están en el aula y una ventana está abierta. Dos de sus compañeros tienen frío.
   ....

6. Una amiga suya no quiere salir sola esta noche.
   ....

8 Complete las frases con *para que, quiero que, quieres que* o *espero que*.

1. Te doy este libro .... no te aburras durante el viaje.
2. Tengo que llamar a Julia .... me dé la receta de la paella.
3. El domingo vamos a la playa, ... haga sol.
4. ¿Qué te pasa? Estás muy blanca. ¿................... llame al médico?
5. Toma, es un regalo para ti, ... te guste.
6. Envía la carta urgente .... llegue antes.
7. Antonia, ... mande un *e-mail* a la delegación de Bilbao.

9 Observe.

Es + adjetivo + que + pres. de subjuntivo

Es | necesario
   | imprescindible | + que + pres. de subjuntivo
   | aconsejable

Mañana tengo una entrevista.

Es importante que seas puntual.

Sí, y es conver que vayas bie vestido.

10 ¿Qué consejos daría a las siguientes personas?

a. Mañana Ricardo va a hacer un viaje en coche.
b. Este verano Juan y Marta se van a África de vacaciones.

a. *Es necesario que revises el coche y que duermas bien.*

primer plano

gramatical

 11 *Hoy es el cumpleaños de Antonio y sus amigos han decidido darle una sorpresa. Le están esperando en su casa. Pero son las nueve y Antonio todavía no ha llegado. Todos intentan encontrar una explicación.*

Escuche la conversación y ordene las ilustraciones.

 12 ¿Por qué ha vuelto tarde hoy Antonio a casa?

 13 Vuelva a escuchar la cinta y complete las frases del recuadro con los verbos que faltan.

Para formular hipótesis:

Futuro	a) .... en un atasco.
A lo mejor + indicativo	b) A lo mejor .... en la oficina.
Quizá(s) / *Tal vez* + subjuntivo / indicativo	c) Quizá(s) .... mucho trabajo. d) Tal vez .... en casa de sus padres. e) Tal vez .... un problema con el coche. f) Tal vez .... aparcando el coche.

 14 En grupos de tres: lean las siguientes situaciones y busquen una explicación. Luego comparen sus hipótesis con las de otro grupo.

1. Son las nueve y media y Alicia, una de sus compañeras de clase, todavía no ha llegado. Ella es siempre muy puntual.

2. Philip, otro compañero, está hoy muy contento.

3. Su profesor llega a clase con dos botellas de cava.

4. Marco, otro de sus compañeros, últimamente está muy cansado.

1. • *Estará enferma.*
   ◆ *O quizá ha perdido el autobús.*
   ■ *¡Qué va! Siempre viene en coche.*

Recuerde el futuro: estaré, estarás…

 15 Ahora escuchen la grabación y comprueben sus respuestas.

episodio 7

SE RUEDA 7

La fecha

13 de mayo de 2002

El saludo
Estimados compañeros:
Queridas amigas:
¡Hola a todos!

El texto

¡Hola!
Lo estoy pasando muy bien. Ayer estuve en la playa todo el día. Conocí a unos españoles muy simpáticos y decidimos pasar las vacaciones juntos. Esta mañana hemos subido al volcán. Mañana alquilaremos un coche y daremos la vuelta a la isla.
Recuerdos a todos.
            Elena

Academia Políglota
Para Carmen Rodríguez
Gran Vía, 60
28000 Madrid

La dirección del destinatario

La despedida
Muchos abrazos.
Un abrazo.
Un beso.
Besos a todos.
Hasta muy pronto.

  Están de vacaciones y cada uno de ustedes (solo/a o con otro/a compañero/a) ha ido a un lugar diferente de España. Hoy es el tercer día y decide escribir una postal a sus compañeros de clase.

Elija un lugar muy conocido y escriba una postal.

- No diga dónde está.
- Cuente lo que hizo ayer y los días anteriores y lo que ha hecho hoy.
- Hable de sus planes para los próximos días.
- No firme.

primer plano

2 Usted ha ido a Correos a mandar la postal. Estas son algunas de las frases que puede oír en la oficina. Indique quién las dice: E = empleado, C = cliente.

- ☐ Quería mandar esta carta a Londres.
- ☐ ¿Urgente u ordinario?
- ☐ ¿Cuándo llegará?
- ☐ Dentro de tres o cuatro días.
- ☐ Quería certificar esta carta.
- ☐ Rellene este impreso.
- ☐ Firme aquí.
- ☐ Dos sellos, por favor.
- ☐ Vengo a recoger un paquete.

Logo por Internet. Correos.

3 Ahora representen la siguiente situación.

Estudiante A	Estudiante B
Usted quiere comprar un sello y saber cuándo llegará la postal.	Usted es el empleado de Correos. Atienda a su compañero/a.

4 Pongan las postales boca abajo en una mesa y elijan a un voluntario para leerlas a la clase.

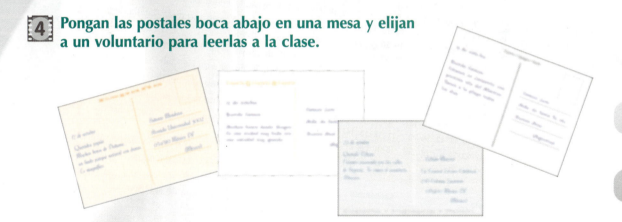

5 Entre todos intenten adivinar quién ha escrito cada una y desde dónde. Formulen algunos deseos para los últimos días.

- *Quizá es Pedro.*
- *Sí, le encanta la playa y tomar el sol. Pero no sé qué playa puede ser.*
- *Tal vez esté en Tenerife porque habla de una isla y de un volcán.*
- *Sí, es Tenerife. Yo estuve allí hace dos años y también subí al volcán.*
- *Pues espero que se divierta.*

episodio 7

aprendiendo
EL GUIÓN

En la ventanilla de Correos

- Quería | enviar / mandar | esta carta. / este paquete. / un telegrama.
- certificar esta carta. | ◆ Rellene este impreso.

- ¿Cómo la quiere mandar? / enviar? | ◆ Normal. / Urgente. / Certificada. | • ¿Con acuse de recibo? | • Sí. / No.

- Vengo a recoger un paquete. | ◆ ¿Me da el aviso, por favor? | • Aquí tiene.

- ¿Cuándo llegará? | ◆ Dentro de unos seis días.
- ¡Uf! ¿Y no puede ser antes? | ◆ Sí, urgente, pero es más caro.

2001 Calendario laboral

- **1 de enero.** Año Nuevo (Arg., Esp., Méx.)
- **6 de enero.** Día de Reyes (Arg., Esp.)
- **5 de febrero.** Aniversario de la Constitución Mexicana (Méx.)
- **21 de marzo.** Natalicio de Benito Juárez y Día de la Primavera (Méx.)
- **12 de abril.** Jueves Santo (Arg., Méx.)
- **13 de abril.** Viernes Santo (Arg., Esp., Méx.)
- **1 de mayo.** Día del trabajador (Arg., Esp., Méx.)
- **5 de mayo.** Aniversario de la Batalla de Puebla (Méx.)
- **25 de mayo.** Primer gobierno patrio (Arg.)
- **10 de junio.** Día de las Malvinas (Arg.)
- **20 de junio.** Gral. Manuel Belgrano (Arg.)
- **9 de julio.** Día de la Independencia (Arg.)
- **15 de agosto.** Asunción de Nuestra Señora (Esp.)
- **17 de agosto.** Gral. José de San Martín (Arg.)
- **16 de septiembre.** Aniversario de la Independencia (Méx.)
- **12 de octubre.** Fiesta de la Hispanidad (Esp.). Día de la Raza (Arg.)
- **1 de noviembre.** Día de Todos los Santos (Arg., Esp.)
- **2 de noviembre.** Día de los Fieles Difuntos (Méx.)
- **11 de noviembre.** Día de la Tradición (Arg.)
- **20 de noviembre.** Aniversario de la Revolución Mexicana (Méx.)
- **6 de diciembre.** Día de la Constitución Española (Esp.)
- **8 de diciembre.** Inmaculada Concepción (Esp.)
- **12 de diciembre.** Día de la Guadalupana (Méx.)
- **25 de diciembre.** Natividad del Señor (Arg., Esp., Méx.)

primer plano

Enviando una carta

Edición Ver Favoritos Herramientas Ayuda

Adelante Detener Actualizar Inicio Búsqueda Favoritos Correo Imprimir

http://www.correos.es Ir a

Situación: usted quiere enviar una carta por correo y desea informarse del precio y de los tipos de envío.

Consulte la página web Correos y telégrafos http://www.correos.es.

① El precio del envío de una carta a cualquier país del mundo

- Pinche en la página principal el icono **Franqueo**.
- Escoja a continuación **Calculador de Tarifas** y seleccione en los desplegables:
  – "Cartas y tarjetas postales internacionales".
  – El país donde la quiere enviar: Cuba (por ejemplo).
  – El peso de la carta: "hasta 20 gramos normalizada".
- Pulse **Cálculo Final**. ¿Cuánto vale mandar a Cuba una carta estándar?

② El precio del envío de una carta urgente y certificada

Usted quiere mandar esa misma carta al mismo país por correo urgente y certificado, ¿cuánto le va a costar?

- Para saberlo, vuelva a la página principal y escoja **Franqueo**.
- Elija en la columna de la derecha **Carta urgente**.
  – ¿Qué vale el envío de una carta normalizada hasta 20 gramos a Cuba? (Compruebe la zona.)
- Si además la carta es certificada, ¿cuál será el precio total?

Para saber más…

El código postal de una población o calle de España

- Vuelva a la página principal y escoja **Código Postal**.
- Rellene la casilla "Escriba la ciudad/población" y pulse sobre **Ver el código**.
- Después accione **Pulse aquí para introducir…** y escriba el nombre de la calle.

episodio 8

ENCARGANDO COMIDA POR TELÉFONO

transcripción

Telepaella: Telepaella, ¿dígame?

Isabel: Buenos días, quería encargar una paella.

T.: ¿Para cuántas personas?

I.: Dos o tres, depende del tamaño.

T.: Es grande. No se preocupe. ¿Con qué la quiere?

I.: De conejo, pero sin chorizo. ¡Ah!, con calamares y mejillones... muchos mejillones.

T.: ¿Y para beber?

I.: Dos latas de cerveza.

T.: Muy bien. ¿Me da su nombre y dirección, por favor?

I: Sí. Isabel. Calle Serrano 15. Es un hotel, habitación cuatrocientos trece.

T.: ¿Y el teléfono?

I.: El teléfono... noventa y uno, tres, uno uno, dos dos, cuatro cuatro.

T.: Muy bien. Son mil ochocientas pesetas. ¿Va a necesitar cambio?

I.: Sí, de cinco mil, por favor.

T.: La tendrá dentro de una media hora.

I.: Bien, gracias.

T.: A usted, adiós.

Entrando en materia

Observe la publicidad. ¿Qué paella han pedido estos clientes?

a. Con conejo pero sin pollo.

b. Sin pescado, por favor, pero con muchos mejillones y langostinos.

c. Con muchas zanahorias, pero sin chorizo.

d. Con pollo y calamares, muchos calamares. Pero sin pimientos, no me gustan.

episodio 8

prácticas

¿Ha comprendido bien?

¿Verdadero o falso?

		V	F
1	Isabel y Emilio tienen mucha hambre.	☐	☐
2	A Isabel le gusta mucho el chorizo.	☐	☐
3	A Isabel y Emilio les gustan mucho los mejillones.	☐	☐
4	También piden una botella de vino.	☐	☐
5	Llaman desde el hotel.	☐	☐
6	Van a pagar con un billete de 5.000.	☐	☐
7	Recibirán la paella dentro de media hora.	☐	☐

Secuencias

Ordene el diálogo de cada secuencia. Luego numere las secuencias tal y como se han visto en el vídeo.

a El teléfono… noventa y uno, tres, uno uno, dos dos, cuatro cuatro.

b ¿Me da su nombre y dirección, por favor?

c ¿Y el teléfono?

d Sí. Isabel. Calle Serrano 15. Es un hotel, habitación cuatrocientos trece.

1. ....
2. ....
3. ....
4. ....

a A usted, adiós.

b Bien, gracias.

c La tendrá dentro de una media hora.

1. ....
2. ....
3. ....

primer plano

del vídeo ▶▶

a Dos latas de cerveza.

b ¿Y para beber?

1. ....
2. ....

a Sí, de cinco mil por favor.

1. ....
2. ....

a De conejo, pero sin chorizo. ¡Ah!, con calamares y mejillones… muchos mejillones.

b Muy bien. Son mil ochocientas pesetas. ¿Va a necesitar cambio?

b ¿Con qué la quiere?

1. ....
2. ....

a ¿Para cuántas personas?

b Dos o tres. Depende del tamaño.

c Buenos días, quería encargar una paella.

d Telepaella, ¿dígame?

1. ....
2. ....
3. ....
4. ....

¡A escena!

Encargar comida por teléfono. ¿Qué se dice para…?

- Explicar lo que se quiere.
- Solicitar y facilitar los datos para la entrega.

En grupos de tres: representen la siguiente situación.

Estudiantes A y B: están en casa del estudiante A. Son las nueve y llaman a "La casita de los Arroces" para pedir una paella mixta (la quieren sin mejillones) y una botella de rosado. Tienen prisa.

Estudiante C: usted es el empleado de "La casita de los Arroces". Atienda a los clientes. La paella cuesta 3.000 ptas. (18 €) y tardará 20 minutos en llegar.

episodio 8

ENCUADRE

REPETIR FRASES

 Escuche y observe.

	Frase	Que + frase
• Repetir una información	*Ha llegado la paella.* *Tengo hambre.*	*Que ha llegado la paella.* *Que tengo hambre.*

	Pregunta sin partícula	Que + si + pregunta
• Repetir una pregunta	*¿Has terminado ya?* *¿Sirvo la paella?*	*Que si has terminado ya.* *Que si sirvo la paella.*

	Pregunta con partícula	Que + pregunta
	¿Dónde comemos? *¿Cuánta paella querés vos?*	*Que dónde comemos.* *Que cuánta paella querés vos.*

 En parejas.

Estudiante A

Diga las siguientes frases a su compañero/a.
- Me gustan tus zapatos.
- Tengo ganas de tomarme un café.
- ¿Vamos al cine el sábado?
- ¿Puedes abrir la ventana?
- ¿Cuándo vas a llamar a Carmen?
- ¿Cómo vienes a la academia?

Ahora, su compañero/a le va a decir unas cuantas frases pero usted no oye bien. Pídale que las repita.
Use: ¿Cómo? ¿Cómo dices? Habla más alto, no te he oído.

Estudiante B

Su compañero/a le va a decir unas cuantas frases pero usted no oye nada porque hay bastante ruido. Pídale que las repita.
Use: ¿Cómo? ¿Cómo dices? Habla más alto, no te he oído.

Ahora, dígale estas frases y preguntas.
- Esta noche voy a cenar con Marisa.
- Mañana hay un partido de fútbol en la tele.
- ¿Me puedes prestar un bolígrafo?
- ¿Has visto la última película de Almodóvar?
- ¿Qué hora es?
- ¿Dónde estuviste el domingo?

Fíjese: el imperativo negativo y el presente de subjuntivo se conjugan igual.

REPETIR FRASES EN IMPERATIVO

 Observe.

Frase en imperativo afirmativo	Que + frase en presente de subjuntivo
Dame el libro.	*Que me des el libro.*

Frase en imperativo negativo	Que no + frase en presente de subjuntivo
No vuelvas tarde.	*Que no vuelvas tarde.*

primer plano

gramatical

4 Carlos y María están en un pub tomándose algo. Como la música está muy alta, casi no se oyen.
Escuche y complete la conversación con las frases que faltan. Luego, escuche y compruebe.

1. Carlos   Entra tú primero.
   María   ¿Cómo?
   Carlos   ....

2. María   .... la puerta, que hace frío.
   Carlos   ¿Perdona?
   María   Que cierres la puerta.

3. Carlos   Dame tu chaqueta.
   María   ¿Cómo?
   Carlos   ....
   María   Toma. Ponla en ese perchero.
   Carlos   ¿Que quieres un mechero? Pero si tú no fumas.
   María   No, ...

4. María   ....
   Carlos   ¿Qué has dicho?
   María   Que llames al camarero.
   Carlos   ¡¡Camarero!!
   Camarero   Buenas noches, ¿qué desean?
   María   Póngame una cerveza.
   Camarero   ¿Cómo?
   María   ....
   Carlos   Y para mí, una tónica.
   Camarero   ¡Cerveza y tónica, andando!

5. María   Carlos, pide unas tapas, que tengo hambre.
   Carlos   ¿Eh? ¿Que quieres fiambre?
   María   ....

5 Imaginen que esta conversación la mantienen Isabel (que es argentina) y Emilio. ¿Qué diría ella si emplea "vos" en lugar de "tú"?

EL ESTILO INDIRECTO

6 Mientras Isabel y Emilio están fuera, la madre de Isabel llama al hotel.
Lea el final de la conversación telefónica y la nota de la recepcionista.

Por favor, dígales que el lunes los esperaré en el aeropuerto con mi amiga Andrea.

Ha llamado su madre. Ha dicho que los esperará el lunes en el aeropuerto con su amiga Andrea.

7 En grupos de tres.

Estudiante A

Diga las siguientes frases a su compañero/a B.

- Ayer vi una película muy interesante.
- Esta noche voy a cenar con mi madre.
- Mañana es mi cumpleaños, traeré cava.
- Me duele la cabeza.
- Esta noche hablaré con mi primo Luis.

Estudiantes B y C

Estudiante B
Escuche las frases de su compañero/a A y coménteselas a su compañero/a C.

Estudiante C
Pregunte a su compañero/a B lo que le ha dicho A.

A: Ayer vi una película muy interesante.
C: ¿Qué te ha dicho?
B: Pues... que ayer vio una película muy interesante.

episodio 8

ENCUADRE

8 Lea y observe.

*Cuando tomaron el avión, Isabel y Emilio estaban un poco cansados porque la noche anterior **habían salido** y **se habían acostado** muy tarde. Pero se fueron muy contentos porque **habían visto** muchas cosas.*

Fíjese:

El pretérito pluscuamperfecto se usa para indicar una acción pasada (*habían salido*) anterior a otra acción (*se fueron*) o situación (*estaban cansados*) también pasadas.

EL PRETÉRITO PLUSCUAMPERFECTO

Haber en imperfecto + participio pasado

(Yo)	había	
(Tú/Vos)	habías	tomado
(Él/Ella/Usted)	había	comido
(Nosotros/as)	habíamos +	salido
(Vosotros/as)	habíais	dicho
(Ellos/Ellas/Ustedes)	habían	

9 Escuche y relacione cada frase con una ilustración. Luego, escríbalas e indique qué acción se desarrolló primero en cada una.

a

b

c

d

10 Relacione y conjugue los verbos en pretérito pluscuamperfecto.

1. Ayer, cuando llegué a la academia,
2. Juan estaba enfermo
3. Cuando salí del despacho
4. Me fui de viaje a México
5. Cuando Emilio llegó al cine,
6. Cuando llegamos a la estación,
7. Ayer vi a Carmen y me dijo que
8. El equipo ganó la medalla de oro
9. Cuando me casé,
10. Antes de entrar en esta empresa,

a. porque el día anterior (comer) .... demasiado.
b. el tren ya (salir) ....
c. porque un amigo me (decir) .... que era un país precioso.
d. todavía no (terminar) .... la carrera.
e. porque (entrenarse) .... mucho.
f. ya (mandar) .... todos los *e-mails*.
g. la clase ya (empezar) ....
h. (cambiarse) .... de trabajo.
i. Isabel ya (sacar) .... las entradas.
j. Marisa nunca (trabajar) ....

primer plano

gramatical

EXPRESAR SENTIMIENTOS

11 Escuche cómo reaccionan estas personas ante unas noticias y escriba las frases en los bocadillos correspondientes.

- ¡No me digas!
- ¡Qué rollo!
- ¡Qué se le va a hacer!
- ¡Qué bien! ¡Fenomenal!
- ¡Venga ya!
- ¡Menos mal!

Aburrimiento — Sorpresa — Alivio — Resignación — Incredulidad — Alegría

12 En grupos de tres. Lean los siguientes titulares de periódicos y reaccionen.

Mañana bajará el precio de la gasolina.

Unos científicos estadounidenses inventan una máquina para viajar en el tiempo.

¡Por fin! Tres biólogos alemanes encuentran la vacuna contra el SIDA.

Dentro de tres años podremos elegir el sexo de los bebés.

Estará prohibido fumar en los lugares públicos a partir del próximo mes.

Esta noche veremos un gran debate político en televisión.

Las asociaciones ecologistas consiguen que los gobiernos prohíban talar más árboles en la selva amazónica.

Mañana, gran final de la copa del mundo de fútbol.

- *Dice el periódico que mañana bajará el precio de la gasolina.*
- *Pues ¡qué bien! ¿No?*

episodio 8

SE RUEDA 8

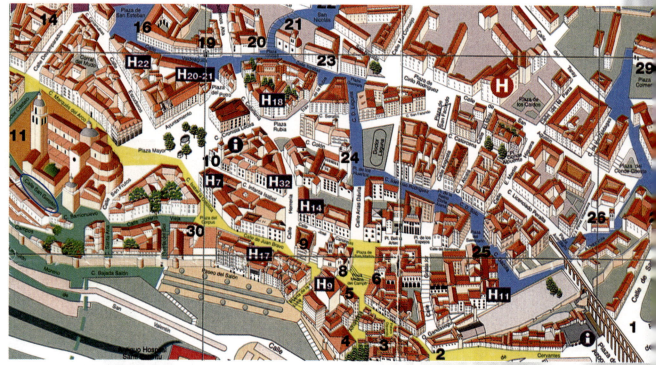

Plano-callejero de Segovia, Patronato de Turismo, Junta de Castilla y León.

1 *Unos amigos suyos de Segovia le han dejado su piso una semana para que visite la ciudad. Usted va con su mujer en coche. Sus amigos viven en la calle San Geroteo.*

En grupos de tres:

Estudiantes A y B: usted y su pareja están en la calle Colón (24) pero no saben ir hasta la casa de su amigo. Paren el coche y pregunten a un transeúnte (estudiante C).

Estudiante C: observe el plano de Segovia y ayude a sus compañeros. Está en la calle Colón (24).

2 *Es su primer día en Segovia y, como no conocen la ciudad, deciden ir a la oficina de turismo a pedir información.*

En grupos de tres: escriban y escenifiquen la siguiente conversación.

Estudiantes A y B: quieren ver los principales monumentos de Segovia (catedral, museos, etc.).

Estudiante C: usted trabaja en la oficina de turismo. Atienda a sus compañeros.

SEGOVIA, Patrimonio de la Humanidad

- El acueducto (1). Construido en el siglo I para abastecer de agua a un importante enclave militar romano. Tiene una longitud de 15 km. Su punto más alto alcanza los 28 metros.
- Iglesia de San Miguel (10). Construida en el siglo XVI. En ella fue coronada la Reina de Castilla Isabel la Católica.
- Catedral (11). De estilo gótico.
- Alcázar. Palacio-Castillo.
- Casa Museo de Antonio Machado (14). Pensión donde vivió el poeta de 1919 a 1932.

Catedral. SEGOVIA.

primer plano

3 *Paseando por las calles, su mujer ve un vestido en un escaparate y decide comprárselo.*

En grupos de tres: escriban y escenifiquen la conversación en la tienda.

Estudiante A: quiere comprarse el vestido del escaparate. Su talla es la 40. Le gusta mucho cómo le queda.

Estudiante B: usted es el marido. No le gusta el vestido. Le parece demasiado estrecho.

Estudiante C: usted es la dependienta de la tienda.

4 *Son las siete y media y están un poco cansados. A usted le duele mucho la cabeza.*

En parejas: escriban y escenifiquen la conversación en la farmacia.

Estudiante A: le duele mucho la cabeza.

Estudiante B: usted es la farmacéutica. Pregunte al cliente qué le pasa y dele una caja de aspirinas (350 pesetas).

5 *Por fin vuelven a casa y no les apetece nada cocinar. En las páginas amarillas han visto la siguiente publicidad.*

En grupos de tres: escriban y escenifiquen la conversación telefónica con "Telepizza".

Estudiantes A y B: elijan la comida y la bebida y encárguenlas. Tienen bastante prisa.

Estudiante C: usted trabaja en "Telepizza", conteste al teléfono.

episodio 8

aprendiendo
EL GUIÓN

Hacer el pedido

- Telecomida, ¿dígame?
- Buenos días. Quería encargar / pedir / ¿Me podría traer una pizza, una paella, hamburguesas, una ensalada mixta, por favor. (?)

Describir la comida

- ¿Para cuántas personas?
- Para tres. / cuatro.

- ¿Cómo la(s) quiere?
- Pues… con tomate. / con mucho queso. / sin aceitunas.

- ¿Y para beber?
- ¿Quiere alguna bebida?
- Un refresco.
- Agua mineral.
- Una botella de vino tinto/rosado/blanco.
- Dos latas de cerveza.

Pedir y facilitar los datos para la entrega

- ¿Me da su nombre y dirección?
- Alicia Campos. Gran Vía, 21.
- ¿Y el teléfono?
- 91 452 22 88.

Preguntar cuándo llegará la comida

- ¿Cuánto van a tardar?
- ¿Van a tardar mucho?
- ¿Tardarán mucho?
- La tendrá dentro de media hora.
- Unos veinticinco minutos.

Dichos y refranes

España

- Al pan, pan y al vino, vino.
- El que se pica, ajos come.
- Hay que desayunar como un rey, comer como un príncipe y cenar como un mendigo.

México

- Dar atole con el dedo.
- Pleitos con todos menos con la cocinera.
- Cuesta más el caldo que las albóndigas.

Argentina

- ¡Chocolate por la noticia!
- Calentar la pava para que otro tome el mate.
- Empanada, locro y vino, todos los domingos.

primer plano

Eligiendo comida

Edición Ver Favoritos Herramientas Ayuda

http://www.pansandcompany.com

Situación: usted y su pareja están pasando unos días de vacaciones en Madrid. Están alojados en un hotel y quieren pedir comida española a domicilio.

Recuerde que si tiene alguna duda, puede consultar el diccionario culinario en la página http://www.ciudadfutura.com/recetas.

① **Bocadillos**
- Vaya a **pansandcompany.com** y pulse sobre **¿Qué comemos?**.
  – De entre los bocadillos "clásicos", ¿cuál le apetece pedir?
  – ¿Y de los de "a la plancha"?

② **Paella**
- Abra la página **http://www.adomicilio.com/motopaella/index.htm**.
  – ¿Cuántos tipos de paella le ofrecen? ¿Cuánto cuestan?
  – ¿Puede cursar el pedido ahora mismo?
  – ¿Qué tiene que hacer?

Para saber más...

Tacos, fajitas...
- Su pareja es una entusiasta de la comida mexicana. Consulte la página
  http://www.comercomer.com
- En los desplegables seleccione: "A domicilio" (servicios), "Madrid" (provincia), "Madrid" (localidad), "28013" (código postal), y accione "listar".
- Después, indique:

Cocinas disponibles	Precios	Restaurantes disponibles
Mexicana	Menos de 3.000	Todos

  Pulse sobre listar.

- Entre en el menú del restaurante que le proponen. ¿Qué entrante típico mexicano le apetece? ¿Cuánto es el pedido mínimo para que se lo lleven a su domicilio?
- Si usted vive en las afueras, ¿cuánto tiene que pagar extra? (Accione **Haz clic aquí para consultar los gastos...**)

TRANSCRIPCIONES

EPISODIO 0

PRESENTACIÓN

3. Isabel y Emilio hablan de sus gustos y aficiones. Escuche y complete el cuadro. (p. 6)
I.: Bueno, a mí me encanta salir, divertirme, estar con mis amigas...
E.: Sí, es verdad.
I.: También me encanta mi trabajo, soy profesora; trabajo en un instituto, y... bueno, aunque trabajo mucho, me lo paso muy bien.
E.: A mí me encanta la comida japonesa.
I.: A mí no, nada.
E.: Bueno, también me gusta salir los fines de semana: ir al cine o al teatro o ver una exposición.
I.: A mí no me gustan las exposiciones. Ah... Me gusta el deporte: juego al tenis, voy a la piscina una vez por semana después del trabajo y todos los domingos por la mañana hago jogging, ocho kilómetros, pero sola, porque a Emilio no le gusta correr. Y me gustan los perros, mucho, pero no tenemos, Emilio no quiere, no le gustan.
E.: Es verdad. Prefiero los gatos porque son muy independientes.

4. Escuche de nuevo la grabación. ¿Cómo son de carácter Emilio e Isabel? Use algunos de los adjetivos de esta lista. (p. 7)

HISPANOAMÉRICA

2. Ahora, escuchen la grabación y comprueben. (p. 8)
• México está en América del Norte. Limita al norte con Estados Unidos y al sur con Guatemala.
• Argentina es el país hispanoamericano más grande. Limita al oeste con Chile.
• Paraguay está al noreste de Argentina y no tiene mar.
• En el mar Caribe están las Antillas, un archipiélago formado por varias islas. Las hispanohablantes son, de oeste a este: Cuba, República Dominicana y Puerto Rico.
• El Salvador es un país de América Central. Limita al oeste con Guatemala y al norte con Honduras.
• Venezuela está situada al sur de Puerto Rico y limita al este con Colombia.
• Panamá está entre Costa Rica y Colombia.
• Ecuador es un pequeño país situado al sur de Colombia.
• Uruguay es el país más pequeño de América del Sur.
• Perú está entre Ecuador y Chile y al oeste de Bolivia.
• Nicaragua está en América Central.

ESPAÑA

3. Escuchen lo que dicen unos españoles en una encuesta. Compárenlo con las respuestas más mencionadas por la clase. (p. 12)
▶ Buenos días, es para un estudio, ¿puedo hacerles unas preguntas?
♦ Por supuesto.
▶ Díganme el nombre de monumentos españoles.
♦ La Sagrada Familia de Barcelona.
♦ Pues, no sé... a ver, sí, sí, la Alhambra de Granada.
• Y yo, pues... la Catedral de Sevilla.
▶ Deportes y aficiones.
♦ El fútbol, por supuesto.
♦ Hombre, pues los toros, claro.
♦ Y el ciclismo, Miguel Induráin ha ganado cinco veces el Tour de Francia.
• También está el tenis, con Arantxa Sánchez Vicario.
▶ Ciudades.
♦ Madrid, la capital.
• Y Barcelona, y Sevilla, que es muy bonita...
♦ Y Granada, claro.
▶ ¿Músicas?

♦ Hombre, ¡el flamenco!
♦ El pasodoble, también.
• Y el rock también, en España hay grupos muy famosos.
▶ Paisajes.
♦ La playa.
♦ Sí, eso, la playa.
• Y los parques naturales, en España tenemos muchos.
▶ Acontecimientos históricos.
♦ Uno muy, muy importante... eh... la transición democrática, eso, la transición democrática en 1975.
• Y también el ingreso de España en la Unión Europea en 1986.
▶ Personajes ficticios.
♦ Creo que el más importante es Don Quijote.
• No estoy de acuerdo, el más importante es Carmen.
▶ Y, para terminar, personajes famosos.
♦ ¿Muy famosos? Yo diría que el más conocido es el Rey, y la Reina, claro.
♦ Y Julio Iglesias, ¿qué?
• También están Picasso, el Greco, Goya, Dalí...

5. Escuche este programa de televisión en el que se habla sobre los horarios y las costumbres de los españoles y complete el cuadro. (p. 13)
Primero, vamos a hablar de los horarios.
En general, los españoles se levantan entre las siete y las ocho de la mañana y desayunan durante unos 15 minutos. Comen entre las dos y las tres. Muchos lo hacen en casa. Por la noche cenan entre las nueve y las diez y media y se acuestan entre las once y las doce y media.

Entre las obligaciones diarias, la primera es trabajar: ocho horas diarias. Otras obligaciones, entre semana, son hacer la compra (generalmente en el supermercado), limpiar la casa y estudiar (normalmente, los alumnos y estudiantes empiezan las clases entre las ocho y las nueve de la mañana).

Y para terminar, hablemos del tiempo libre.
Una de las principales actividades es salir con los amigos, normalmente por la noche, estar con la familia, hacer deporte... Otras actividades que se realizan son leer la prensa, ver la televisión, escuchar la radio o música. Sólo un 15% de los españoles va al cine o al teatro. Actualmente, se está imponiendo una nueva actividad: navegar por Internet.

6. Escuche de nuevo. (p. 13)

EPISODIO 1

ENCUADRE GRAMATICAL

2. ¿Con qué profesión asocia usted cada una de estas frases? Escuche la grabación y compruebe. Luego complete el cuadro. (p. 21)
▶ Hola, buenos días. Estoy haciendo una encuesta sobre el trabajo. ¿Les puedo hacer unas preguntas?
♦ Bueno...
▶ Usted, ¿a qué se dedica?
♦ Soy enfermera. Es una profesión muy interesante, pero muy cansada también, porque empiezo muy pronto y salgo muy tarde. Por la mañana, ayudo a los médicos. A mediodía, como con mis compañeras. Y por la tarde cuido a los enfermos.
▶ ¿Y usted?
♦ Yo soy periodista. Me encanta mi trabajo: viajo mucho, conozco a mucha gente, voy a conciertos, visito países extranjeros, hago entrevistas a gente famosa... Sí, muy interesante.
▶ ¿Y usted, a qué se dedica?
• Soy camarero. Sirvo copas en una terraza. Y también elijo la música.

▶ Mm, mm...
• Y me gusta, sí... porque, bueno... veo a mucha gente joven.
▶ Hola, estoy haciendo una encuesta sobre el trabajo. ¿Puede contestar a unas preguntas? Son sólo dos o tres minutos.
• Bueno, pero deprisa, ¿eh? que no tengo mucho tiempo.
▶ ¿A qué se dedica?
• Soy secretaria.
▶ ¿Y qué hace?
• Pues... hablo con los clientes, organizo viajes, preparo las reuniones de los directores, escribo e-mails, redacto informes, recibo a los mensajeros, muchas cosas...
▶ ¿Puede contestar a unas preguntas?
✘ Sí, cómo no.
▶ ¿A qué se dedica?
✘ Soy electricista.
▶ ¿Y qué hace normalmente?
✘ Bueno, pues pongo enchufes, hago instalaciones de luz, arreglo lámparas...

6. Ahora, escuche la grabación. ¿A qué ilustración corresponde cada conversación? (p. 22)
a. • Ay, ¿pero qué te pasa?
♦ Nada, nada, que estoy enfadada. Estoy de mal humor.
• Vale, vale.
b. • ¡Qué nervioso estás!
♦ Es que estoy esperando los resultados del examen y...
• Tranquilo, tranquilo...
♦ A ver... ¡He aprobado! ¡He aprobado! ¡Qué contento estoy! He aprobado el examen, he aprobado el examen, he aprobado el examen...
c. • ¿Qué hora es ya?
♦ Pues son... las cuatro y media.
• ¡Las cuatro y media! ¡Qué tarde!
d. • ¡Pero qué gordita!
♦ Sí, ¿verdad? Es que estoy embarazada.
• ¡No me digas!
♦ Pues sí, de cuatro meses.
e. • Oye, ¿cómo es el hermano de Valeria?
♦ Pues es alto, rubio, delgado...
• ¡Ah...! ¿Y es simpático?
♦ Sí, es muy simpático.
• Y es italiano, ¿verdad?
♦ ¡Qué va! Es español, de Granada.
• ¿Y está soltero?
♦ Pues no, está casado.
• ¡Vaya!
f. • ¿Dígame?
♦ María, soy Julia. ¿Qué tal?
• Hola...
g. • Estamos a 20 de abril, ¿no?
♦ No, no, hoy es 19 de abril, 19.
h. • Colegio Goya, dígame.
♦ Buenos días, soy la madre de Manuel Día. Hoy no va a ir al colegio, está enfermo.

8. Ahora, escuche la grabación y localice los errores. (p. 23)
• Merche, soy Fermín.
♦ Hola, mi amor.
• ¿Qué tal estás?
♦ Pues estoy un poco cansada.
• ¿Y qué estás haciendo?
♦ Pues nada, estoy descansando.
• ¿Y el niño?
♦ Está en su habitación, está jugando con el ordenador.
• Oye, esta mañana me he dejado las llaves, ¿están ahí?
♦ Sí, están sobre la mesa, al lado del teléfono.
• Por cierto, hoy es miércoles y tienes que llevar al niño al dentista. Bueno, hasta la noche.
♦ Adiós, cariño.

SE RUEDA

2. Son las siete de la tarde. Mamen y Paula llegan al hotel. Escuche la conversación y conteste a las preguntas. (p. 25)

primer plano

TRANSCRIPCIONES

- Para, Paula, para, ahí hay un hotel. A ver si tienen habitaciones libres, son ya las siete y estoy muy cansada.
- Mira, ¡qué suerte! Voy a aparcar justo delante.
- Entra tú a preguntar, yo te espero en el coche, que estoy muy cansada. Oye, pide una habitación con baño y tele... ¡Paula! Con baño, ¡eh! Uy... ¡Me voy a dar un bañito! ¡Qué bueno!
- Buenas tardes.
- Buenas tardes. ¿Tienen habitaciones libres?
- ¿Cómo la quiere?
- Pues doble, con baño y tele.
- ¿Para cuántas noches?
- Tres.
- A ver... Lo siento, con baño no hay. Sólo con ducha.
- ¡No hay con baño!
- No, lo siento.
- Bueno... pues con ducha... ¿Y cuánto es?
- 52 euros.
- Vale.

EPISODIO 2

ENCUADRE GRAMATICAL

5. Ahora, escuche la grabación y compruebe. (p. 33)
- ¡Hola, buenos días!
- E.: ¡Buenos días!
- ¿Qué tal? ¿Os gusta Madrid?
- I.: Nos encanta.
- E.: Ayer, por la mañana, visitamos el Museo del Prado.
- ¿Y qué tal?
- I.: Lindo, muy lindo, me gusta mucho. ¡¡Es muy muy grande!!
- E.: Y luego comimos en un pequeño restaurante del centro.
- I.: Sí, comimos la especialidad madrileña.
- El cocido.
- I.: ¡Exacto!
- E.: Está riquísimo.
- I.: Sí, delicioso. Y luego, paseamos por el Parque del Retiro.
- E.: Y luego vimos una película en tres dimensiones.
- I.: ¡Impresionante!
- E.: Sí, impresionante. Parece que las imágenes se salen de la pantalla.
- ¿Y luego qué hicisteis?
- E.: Pues cenar.
- I.: Sí, y después de cenar tomamos unas copas en una terraza.
- E.: Sí, muy agradable, por cierto. Y ahora nos vamos otra vez por ahí.
- I.: Sí, tengo ganas de visitar el Palacio Real.
- Bueno... pues que tengáis un buen día.
- I./E.: Gracias.

7. Escuche a Raquel, César, Natalia y Jesús y tome notas de lo que hizo cada uno el mes pasado. (p. 33)
- C.: Raquel, a ver... ¿Qué cosas superinteresantes hiciste el mes pasado?
- R.: Pues mira... el día cuatro fui al teatro con unos amigos. El día diez... El día diez vi a Pedro Almodóvar por la calle.
- C.: ¡¡A Pedro Almodóvar por la calle!!
- R.: Pues sí...
- C.: ¿Y hablaste con él?
- R.: No, lo vi, sólo lo vi. Y tú, César, ¿qué hiciste?
- C.: Pues yo me compré una moto.
- J.: ¡Me encantan las motos!
- C.: Y también... hice *puenting*.
- N.: ¿Puenting? ¡Qué miedo!
- R.: ¿Y tú, Natalia?
- N.: Pues yo hice un viaje.
- R.: ¿Adónde?
- N.: ¡Adivina!
- R.: ¿A Italia?
- N.: No.
- R.: ¿A Estados Unidos?
- N.: Tampoco.
- C.: ¿A China!

- N.: No, ¡a Japón!
- R.: A Japón, ¡qué suerte!
- C.: ¿Y tú, Jesús?
- J.: Pues yo, una cosa muy, muy bonita. Pero no la hice yo, la hizo mi mujer.
- R.: ¿Ah, sí...?
- J.: Tuvo una niña.
- Todos: ¡Enhorabuena! ¿Y cómo se llama?
- J.: Alicia. Aquí tengo una foto.
- Chicas: A ver... a ver...

9. Escuche los diálogos y observe el plano. (p. 34)
- Por favor, ¿dónde está la Catedral?
- ¿La Catedral? Pues está en la avenida de Portugal.
- Gracias.

- Oiga, ¿hay un hotel por aquí?
- A ver... hmm... Sí, hay uno en la calle Quintana, enfrente de la estación.

- Perdone... ¿cuántas paradas de autobús hay en la Plaza Colón?
- Pues, una... dos... Hay dos paradas, sí, dos.
- Gracias.

- ¿Hay una academia de idiomas en este barrio?
- No, no hay ninguna.

- ¿Dónde están los cines, por favor?
- Están en el Paseo de México.
- ¡Que no! Los cines están en la Plaza Colón.

- Perdona, ¿hay cabinas telefónicas en la calle Quintana?
- Sí, sí, hay muchas.

- ¿Hay un mercado por aquí?
- No, no hay ninguno.

13. Escuche. ¿De qué o de quién están hablando? (p. 35)
1. Es un director de cine español que ganó un Óscar en el 2000.
2. Es un aparato que sirve para escribir.
3. Es un país hispanohablante que está en América del Norte.
4. Es un plato español que lleva arroz, verduras y mariscos.
5. Es un monumento que está en París y que mide más de 300 metros.
6. Son unas islas españolas que están en el mar Mediterráneo.

EPISODIO 3

ENCUADRE GRAMATICAL

2. Escuche, siga las indicaciones en el plano e indique dónde está Mercedes. (p. 45)
Mercedes: ¿Ricardo? Soy Mercedes. Ya estoy en... ¿Puedes venir a recogerme?
Ricardo: ¡Ya has llegado! ¡Fenomenal! Mira, estoy con Ignacio. Ahora mismo salimos. Oye Ignacio, ¿tú sabes ir a...?
Ignacio: No, la verdad. ¿No tienes un plano?
Ricardo: Sí, aquí tengo uno. Conduces tú, ¿vale? A ver... Toma la calle Palma y gira la primera a la derecha. Ahora, gira otra vez a la derecha.
Ignacio: No puedo, es dirección prohibida.
Ricardo: Pues la segunda. Ahora, sigue recto hasta la Avenida de América, allí tuerce a la derecha, y luego la primera a la izquierda.
Ignacio: Mira, ... está al final de la calle.
Ricardo: Sí, ya veo a Mercedes.
Ignacio: ¿Pero qué pasa?
Ricardo: ¡Que te has saltado un semáforo en rojo!
Policía: La documentación del coche, por favor.

**7. En grupos de tres. Cristina y Hernando no van a estar en casa este fin de semana; su hijo Julio, de 15 años, se va a quedar solo. ¿Qué consejos y recomendaciones creen ustedes que le dan antes de irse? Escriban al menos

seis. Luego escuchen la grabación, ¿cuántos han acertado? (p. 46)**
- C.: Bueno, hijo, nos vamos.
- J.: Adiós, adiós... Por fin solo...
- C.: Y ya sabes, ¿eh? No salgas por la noche y no pongas la tele muy alto.
- J.: Vale, mamá...
- H.: Y no juegues con el ordenador, que no es un juguete.
- J.: Que no, papá, que no... ¿Se van o no se van?
- C.: Y come, ¿eh? Pero no comas sólo hamburguesas, hay comida en la nevera. Y no bebas mucha Campa-Cola, que te conozco. No te olvides de dar de comer al perro, y riega las plantas, limpia la casa por lo menos una vez, y cierra todas las ventanas por la noche antes de acostarte.
- J.: Sí, mamá, sí... ¿Pero cuándo se van a ir?
- H.: Y no rompas nada; no hagas fiestas.
- J.: Vale, vale...
- C.: Adiós, hijo, adiós...
- H.: ¡Y no fumes!
- J.: Que no... Adiós, adiós...
- C.: Adiós, hijo, adiós...
- J.: ¡Ya se han ido, ya se han ido! ¡Por fin solo! Voy a llamar a mis amigos...

SE RUEDA

1. El sábado es el cumpleaños de Marcos. Ha invitado a unos cuantos amigos y a José, un compañero de trabajo. Este llama por teléfono para saber cómo ir a su casa. Contesta su hermana. Escuche la conversación y trace el camino en el plano. (p. 48)
Marta: Sí, ¿dígame?
José: ¿Marta? Hola, soy José.
Marta: ¡José! ¿Qué tal?
José: Mira, te llamo porque el sábado me ha invitado tu hermano a tu casa, pero es que no sé cómo ir.
Marta: A ver... ¿Tú dónde vives?
José: En la calle Herreros.
Marta: ¿Herreros?
José: Sí, detrás del Banco Central.
Marta: Ya... ya caigo. Pues es facilísimo y está muy cerca. Mira... toma la calle Herreros todo recto hasta la Plaza de Castilla y gira la primera... no... la segunda, la segunda a la derecha y luego la primera a la izquierda, y sigue hasta la Plaza Mayor. Y en la Plaza Mayor, pues la primera a la derecha. Estamos en el número 29.
José: A ver... Todo recto hasta la Plaza de Castilla, luego la segunda a la derecha, la primera a la izquierda y después de la Plaza Mayor la primera a la derecha.
Marta: ¡Exacto!
José: Bueno, pues hasta el sábado.
Marta: Adiós, hasta el sábado.

2. Aquí tiene expresiones de significado equivalente. Escuche de nuevo la conversación. Luego marque (✔) las frases mencionadas. (p. 48)

EPISODIO 4

ENCUADRE GRAMATICAL

3. Escuche y compruebe. (p. 56)
Dependienta: Hola, ¿qué desea?
Mujer: Quería ver esta camisa blanca.
Dependienta: ¿Algo más?
Mujer: Sí, ¿me enseña ese jersey verde, por favor?
Mujer: Y aquel sombrero, ¿cuánto cuesta?
Dependienta: ¿Aquel? 21 euros.

Hombre: Estos guantes son muy bonitos, ¿cuánto cuestan?
Dependienta: 20 euros. Es que son de piel.
Hombre: ¿Y aquellos?

7. Escuche la conversación y diga si las siguientes afirmaciones son verdaderas o falsas. (p. 57)
- Buenos días, ¿le puedo ayudar?

transcripciones

TRANSCRIPCIONES

♦ Sí... el sábado es el cumpleaños de mi mujer y quería comprarle algo, pero no sé qué.
• Vamos a ver... Mire, tenemos este bolso negro de piel, es precioso.
♦ Sí, es muy bonito. ¿Cuánto vale?
• 76 euros.
♦ ¡Uf! Es un poco caro. ¿No tiene otro más barato?
• A ver... sí, este, de piel también, pero más pequeño. 56 euros.
♦ Es que a mi mujer no le gusta el verde. ¿No tiene otra cosa?
• Estos guantes azules, 32.
♦ Son un poco caros. ¿Y aquellos negros?
• 44. Son muy elegantes también.
♦ Ya, pero... No sé... ¿Cuánto cuesta esa cartera roja?
• 18 euros. Es muy elegante.
♦ ¿Y la marrón?
• 32 euros. Es más clásica que la roja.
♦ Sí, no sé... ¿Y ese...? Mire... déjelo... Volveré mañana.

11. Escuche los diálogos en una tienda de ropa. ¿De qué están hablando en cada uno de ellos? Escriba el número que corresponde. (58)

1. • ¿Qué te parece?
   ♦ No me gusta nada. Es demasiado larga.
2. • ¡Me encanta, de verdad, me encanta! Es realmente precioso. ¿Y a ti qué te parece?
   ♦ Bueno, no sé... Me parece un poco corto. Además, el verde no me gusta mucho, pero bueno... no está mal.
3. • ¡Mira! ¡Qué lindas! ¡Me gustan muchísimo!
   ♦ ¿En serio? A mí me parecen muy anchas, no me gustan nada.
4. • ¡Uy, qué feo!, ¿no? No me gusta.
   ♦ Pues a mí me parece bastante elegante; es un poco estrecho, pero... sí... me parece bonito.

14. Escuche y complete las frases. Anote las formas en las columnas correspondientes. (p. 59)

1. ♦ ¡Qué bonito es este reloj! ¿Me lo compras?
   • No sé... a mí no me gusta mucho.
   ♦ Venga, por favor...
2. ♦ ¿Me pongo la chaqueta para salir?
   • No, ... que hace mucho calor.
3. ♦ Si quieres, te enseño los zapatos azules del escaparate.
   • Sí, por favor, ...
4. ♦ ¡Me encantan estos zapatos azules! ¿Me los puedo probar?
   • ¡Por supuesto! Toma, ...
5. ♦ ¿Te lo envuelvo?
   • No, ..., es para mí.

15. Escuche de nuevo y compruebe. Luego, complete el cuadro con las formas que faltan. (p. 59)

1. ♦ ¡Qué bonito es este reloj! ¿Me lo compras?
   • No sé... a mí no me gusta mucho.
   ♦ Venga, por favor, cómpramelo.
2. ♦ ¿Me pongo la chaqueta para salir?
   • No, no te la pongas, que hace mucho calor.
3. ♦ Si quieres, te enseño los zapatos azules del escaparate.
   • Sí, por favor, enséñamelos.
4. ♦ ¡Me encantan estos zapatos azules! ¿Me los puedo probar?
   • ¡Por supuesto! Toma, pruébatelos.
5. ♦ ¿Te lo envuelvo?
   • No, no me lo envuelvas, es para mí.

SE RUEDA

3. Ahora, escuche las conversaciones y relacione cada situación con una ilustración. (p. 60)

1. Belén: Mira... ¿Qué te parece?
   Silvio: ¡Qué feo!
   Belén: Pues a mí me gusta mucho.
   Silvio: Pues te queda muy largo.
   Belén: ¿Tú crees?
   Silvio: Sí, no te lo compres, que te queda fatal, en serio. Además, el blanco no te queda muy bien.
2. Belén: ¿Qué te parece?
   Silvio: ¡Te queda fatal! No me gusta nada. Es muy corta, demasiado corta.
   Belén: Pues a mí me encanta.
3. Silvio: A ver... sal del probador...
   Belén: ¿Qué te parece?
   Silvio: ¡Uau...! ¡Estás fantástica!
   Belén: ¿De veras?
   Silvio: Te queda ¡fe-no-me-nal! ¡Estás... guapísima!
   Belén: ¿Sí? Pues... ¡regálamelo!
4. Belén: ¿Te gustan?
   Silvio: Sí, me gustan mucho, pero me parece que te quedan un poco estrechos y cortos, ¿no?
   Belén: ¿Estrechos? ¡Qué va! Se llevan así...
   Silvio: Bueno, si te gustan... cómpratelos...

EPISODIO 5

ENCUADRE GRAMATICAL

3. Escuche y marque qué le duele a cada persona. (p. 68)

Profesora: Bueno, empezamos. Uno, dos, tres, cuatro y cinco... Silvia, los brazos, arriba... Los brazos.
Silvia: No puedo, me duelen mucho.
Profesora: Natalia, el cuello, bien recto. Venga, uno, dos, tres, cuatro y cinco. Natalia, ¿qué te pasa?
Natalia: No puedo más, me duele la cabeza; tengo dolor de espalda... Es que estoy un poco resfriada. Creo que tengo fiebre.
Profesora: Bueno, pues si te duele la cabeza vete a casa. Venga: uno, dos, tres, cuatro. Bueno, paramos un poco. Antonia, ¿y a ti qué te pasa?
Antonia: Estoy cansada. Tengo dolor de piernas y también me duelen los pies.
Profesora: Te duelen porque es la primera vez, ya verás como mañana ya no te duelen. Y tú, Carlos, ¿qué tal esta primera lección?
Carlos: Yo estoy molido, me duele todo, la espalda, las piernas, los brazos, los pies, la cabeza: todo.
Profesora: Bueno, ya se te pasará... Venga, que ya ha terminado la pausa; continuamos: uno, dos, tres, cuatro y cinco...

5. Escuche y localice cada situación. Luego, transforme las frases como en el modelo. (p. 69)

1. • Mira... ¡Es precioso! Me encanta.
   ♦ A mí también, pero, ¡qué caro!
2. • ¿Qué tal me queda?
   ♦ ¡Qué largo! ¿No?
3. • ¡Qué hambre tengo! ¡Qué salada!
4. • ¡Qué simpática es la nueva secretaria!
   ♦ Sí, y muy eficaz también.

6. En grupos de tres. Escuchen. ¿De qué o de quién piensan que están hablando? Luego, comparen sus respuestas con las de otro grupo. (p. 69)

1. • ¡Me ha parecido divertidísima!
2. • ¿Qué tal?
   ♦ ¡Pues, está... riquísimo! Mmm... ¡Qué rico! ¡Qué rico!
3. • Bueno... Por fin terminó...
   ♦ Sí, ha sido larguísima.
   • Sí, larguísima y aburridísima.
   ♦ ¡Aaah! Pues a mí me ha parecido muy interesante.
4. • Es... Pero es... ¡Guapísimo! ¡Guapísimo, la verdad!
   ♦ Sí, chica, guapísimo... pero está "casadísimo" también.
   • ¡Vaya!
5. • ¿Te gusta?
   ♦ Me parece demasiado corta, cortísima.
   • ¡Qué va! Se llevan así...

7. Vuelva a escuchar la grabación y complete el cuadro. (p. 69)

9. Escuche e indique con qué ilustración se corresponden los consejos o recomendaciones. (p. 70)

a. • ¿Por qué no se toma una infusión antes de acostarse?
   • Debe acostarse todos los días a la misma hora.
   • No coma mucho antes de acostarse.
b. • Trabaje menos, que se va a poner enfermo.
   • No debe trabajar por la noche.
   • Tiene que dedicar más tiempo a su familia.
c. • ¡No fumes tanto!
   • ¿Y por qué no vas a un acupuntor? Dicen que quita la tos.
   • Tienes que fumar menos.
d. • Debes comer verduras, no pasteles.
   • ¿Por qué no empiezas una dieta?
   • Haz ejercicio físico.

14. La señora Nieto llama a su hijo. Como no está en casa, le deja un mensaje en el contestador con algunos consejos. Escuchen y comprueben las respuestas de la actividad anterior. (p. 71)

Hola. En estos momentos no estoy en casa. Si quieres, deja un mensaje después de la señal. Te llamaré después. Gracias.

José, soy mamá. ¿Dónde estás? Hijo, ahora que vives solo, seguro que te pasas el día comiendo hamburguesas con patatas fritas; pues son malísimas, tienen demasiada grasa. Por la mañana, toma cereales, que tienen mucha fibra, y zumo de naranja, que tiene mucha vitamina C. Come mucho pescado, que tiene muchas proteínas. No tomes refrescos, que tienen demasiado azúcar, ni café, que tiene mucha cafeína. Come verduras, que tienen mucha fibra y muchos minerales, y frutas, que tienen muchas vitaminas. Oye, mañana es domingo, ven a casa a comer. Adiós, hijo.

EPISODIO 6

ENCUADRE GRAMATICAL

6. ¿Podrían añadir más información? Escuchen la grabación y comparen. (p. 81)

• Se llamaba Norma Jean. Era una actriz americana muy famosa. Era rubia y muy guapa. En sus películas, interpretaba el papel de rubia tonta. También cantaba.
• Este genial pintor español tenía un bigote muy particular. Le gustaba vivir en Gerona.
• En los años setenta era en blanco y negro; ahora es en color y existe por satélite, cable y hasta por Internet.
• Era inglés. En sus películas siempre llevaba bigote, un sombrero negro, un traje negro y un bastón. También era director de cine.
• Este director de cine gordo y calvo siempre aparecía en sus películas. Dirigía películas de suspense. Su actriz preferida era Grace Kelly.

7. Escuche y observe las ilustraciones. (p. 82)
El otro día, Isabel y Emilio decidieron ir al Museo del Prado. Pero era lunes y el museo estaba cerrado. Entonces, tomaron un taxi para ir al teatro. Había un atasco tremendo, llegaron demasiado tarde y no había entradas. Hacía mucho calor. Isabel estaba un poco cansada. Al lado del teatro había un cine. Entraron. La película era aburridísima y se fueron. Eran las siete de la tarde. Entraron en un bar para tomar una copa. Había mucha gente y mucho ruido. Se sentaron al lado de otra pareja, y ¡qué casualidad!, el hombre era mexicano, como Emilio. Emilio les invitó a tomar una copa. Eran muy simpáticos. A las nueve y media los cuatro se fueron a cenar a un restaurante.

8. Escuche de nuevo y complete los textos con los verbos que faltan. (p. 82)

11. En parejas: van a contar lo que hizo Sonia el domingo pasado. Sigan estos pasos:

TRANSCRIPCIONES

a) Escuchen la grabación. (p. 83)
Patricia: ¡Hola Sonia! Soy Patricia. Mira, te llamo porque esta tarde voy a ir al Parque de Atracciones con Víctor y Raúl. ¿Quieres venir con nosotros?
Sonia: ¡Fenomenal! ¿Cómo quedamos?
Patricia: Pues delante del Parque a las dos, ¿vale?
Sonia: Vale, hasta luego.

Víctor: Son ya las dos y cuarto, ¿qué está haciendo Sonia?
Patricia: Mira, ahí viene.
Sonia: Lo siento, lo siento, sé que llego tarde pero es que...
Raúl: No importa... No importa... Vamos a sacar las entradas.

Patricia: ¡¡La montaña rusa!! ¡Me encanta! ¿Nos montamos?
Víctor: Vale, ¡genial!
Patricia: Vamos.
Víctor: ¡Venga!

Sonia: ¡¡¡Nooooo!! ¡¡¡Aaaaaaah!!!
Víctor: ¡Es genial!
Raúl: ¡¡Qué bueno!!

Patricia: Ahora... una película en 3D.
Todos: ¡Vale!
Raúl: ¡Genial!
Víctor: Y después, volvemos a la montaña rusa.
Sonia: ¡Ah, no, no, no! Si queréis, vosotros os montáis, pero yo no, no, no...
Patricia: Y luego vamos a tomar un refresco y unos bocadillos.
Todos: De acuerdo.

SE RUEDA

4. Ahora, escuche la grabación y conteste a estas preguntas. (p. 85)
Mujer: ¡Manuel!
Manuel: Sí, ya voy, ya voy...
Mujer: ¡Manuel! ¿Puedes ir al súper? Necesito un par de cosas para la fiesta de cumpleaños de mañana.
Manuel: ¿Ahora?
Mujer: Sí, ahora.
Manuel: Es que estoy viendo el partido y...
Mujer: No puedo esperar...
Manuel: Bueno... ¿Qué necesitas?
Mujer: Una botella de aceite de oliva y una barra de pan.
Niño: Y caramelos.
Mujer: Caramelos, ¡no! ¿Hay mantequilla?
Manuel: Sí.
Mujer: Pues mantequilla no, entonces. Trae un paquete de café... un paquete de harina... una docena de huevos, es para el pastel de cumpleaños de la niña.
Niño: Y galletas.
Mujer: No, galletas, ¡no! Ah, y compra también zumo de naranja, tres litros...
Manuel: Y cerveza para ver el partido en la tele con los amigos el domingo.
Mujer: Bueno, pero sin alcohol, ¡eh!
Manuel: Así que quieres café, harina, huevos y zumo de naranja. Bueno, hasta luego.
Mujer: Manuel, se me olvidaba... compra pescado.
Niño: Y chicles.
Mujer: Bueno, pero sin azúcar.

EPISODIO 7

ENCUADRE GRAMATICAL

5. Ahora, escuchen a dos españoles contestar a las preguntas y anoten las respuestas. ¿Qué les parecen? (p. 93)
▶ Vamos a ver... ¿Qué esperáis de un empleo?
• Yo, que esté bien pagado, y que sea seguro, es importantísimo.
♦ Pues yo, espero de un empleo que no sea demasiado rutinario, que sea variado, vaya. Ah... y que sea creativo, también.
▶ ¿Y de los amigos?
• Pues... espero que sean divertidos y que les gusten las mismas cosas que a mí.
♦ Yo también espero lo mismo.
▶ ¿Y de vuestros compañeros de trabajo?
• ¿De los compañeros de trabajo? Pues... que sean simpáticos y serios.

♦ Y yo espero de mis compañeros de trabajo que sean responsables. Y que trabajen bien.
▶ La última: ¿los políticos?
• Bueno... ¿de los políticos? Pues... muchísimas, muchísimas cosas: que cumplan sus promesas...
♦ Que solucionen el problema del paro y de la contaminación...
• Y que bajen los precios de la gasolina, y que...
▶ Gracias... gracias.

6. Escuche y escriba las frases. Luego imagine quiénes hablan. (p. 94)
1. Queremos que nos llames nada más llegar.
2. Quiero que me lo compres.
3. Quiero que escriba las cartas para mañana.
4. No quiero que se lo diga a nadie.
5. Quiero que me llames por teléfono todos los días.

11. Escuche la conversación y ordene las ilustraciones. (p. 95)
• ¡Qué raro! Son las nueve, ¿pero qué hace? Siempre llega a las nueve.
♦ Tranquilos, tranquilos... que va a llegar...
▶ Estará en un atasco; hoy el tráfico está imposible.
✗ O a lo mejor está en la oficina.
♦ ¿En la oficina, a las nueve? ¡Imposible! Siempre sale a las siete.
✗ Sí... pero quizás ha tenido mucho trabajo y...
• Tal vez esté en casa de sus padres.
▶ O tal vez tenga un problema con el coche; últimamente funcionaba muy mal y...
• No os preocupéis, estará aparcando el coche...
• Sí... mirad, ahí está... Isabel, apaga la luz, deprisa... deprisa.
▶ ¡Cuánto tráfico! Y luego el coche, y luego el atasco, y luego mis padres... ¡Qué cansado estoy! ¡Qué ganas tengo de acostarme!
Todos: ¡Sorpresa! ¡Cumpleaños feliz, cumpleaños feliz...!

13. Vuelva a escuchar la cinta y complete las frases del recuadro con los verbos que faltan. (p. 95)

15. Ahora escuchen la grabación y comprueben sus respuestas. (p. 95)
1. • Academia Habloblén, ¿dígame?
♦ Buenos días, soy Gretel Pontes. Soy una estudiante de Raúl Montero. ¿Puede decirle que hoy voy a llegar tarde, por favor? Es que he perdido las llaves del coche y luego he perdido el autobús.
• Sí... No se preocupe. Ahora mismo se lo digo.
2. • Philip, ¿qué te pasa?, te veo muy contento…
♦ Es que soy papá, soy papá!
• ¡Hombre! ¡Felicidades! ¿Y cómo se llama?
♦ Daniel y Marc. ¡Son mellizos!
3. • Mira... El profe ha traído dos botellas de cava.
♦ A lo mejor también él ha tenido un hijo.
• No, creo que está soltero.
♦ Oye, tal vez le hayan subido el sueldo.
• ¿Tú crees?
▶ ¡Hola! Seguro que os preguntáis por qué he traído estas botellas de cava. ¡Pues hoy es mi cumpleaños!
4. • Marco, ¿qué te pasa?
♦ Nada, nada...
• ¿Tienes problemas?
♦ No, no, qué va...
• ¿Estás enfermo?
♦ No, no... Estoy muy bien.
• ¿Entonces qué te pasa? Pareces muy cansado.
♦ Pues nada, es que últimamente tengo muchísimo trabajo en la oficina, y eso, salgo muy tarde, me acuesto muy tarde, duermo poco...
• ¡Vaya!

EPISODIO 8

ENCUADRE GRAMATICAL

1. Escuche y observe. (p. 104)

Isabel: Emilio, ha llegado la paella.
Emilio: ¿Cómo? No te oigo.
Isabel: Que ha llegado la paella.
Emilio: ¡Ah...!
Isabel: Tengo hambre.

Emilio: Perdona, te oigo fatal.
Isabel: Que tengo hambre.
Emilio: Y yo.
Isabel: ¿Has terminado ya?
Emilio: ¿Cómo dices?
Isabel: Que si has terminado ya.
Emilio: Cinco minutitos.
Isabel: ¿Sirvo la paella?
Emilio: Habla un poco más alto.
Isabel: Que si sirvo la paella.
Emilio: Sí, sí, que ya voy.
Isabel: ¿Dónde comemos?
Emilio: ¿Cómo?
Isabel: Que dónde comemos.
Emilio: ¿Dónde comemos? Pues en la terraza.
Isabel: Bueno, pues empiezo a servir. ¿Cuánta paella querés vos?
Emilio: ¿Cómo dices?
Isabel: Que cuánta paella querés vos. Date prisa, que se enfría. Bueno, pues yo voy a empezar. Mm... ¡Qué rica!

4. Carlos y María están en un pub tomándose algo. Como la música está muy alta, casi no se oyen. Escuche y complete la conversación con las frases que faltan. Luego, escuche y compruebe. (p. 105)
1. Carlos: Entra tú primero.
   María: ¿Cómo?
   Carlos: Que entres tú primero.
2. María: Cierra la puerta, que hace frío.
   Carlos: ¿Perdona?
   María: Que cierres la puerta.
3. Carlos: Dame tu chaqueta.
   María: ¿Cómo?
   Carlos: Que me des tu chaqueta.
   María: Toma. Ponla en ese perchero.
   Carlos: ¿Que quieres un mechero? Pero si tú no fumas.
   María: No, que la pongas en ese perchero.
4. María: Llama al camarero.
   Carlos: ¿Qué has dicho?
   María: Que llames al camarero.
   Carlos: ¡¡Camarero!!
   Camarero: Buenas noches, ¿qué desean?
   María: Póngame una cerveza.
   Camarero: ¿Cómo?
   María: Que me ponga una cerveza.
   Carlos: Y para mí, una tónica.
   Camarero: ¡Cerveza y tónica, andando!
5. María: Carlos, pide unas tapas, que tengo hambre.
   Carlos: ¿Eh? ¿Que quieres fiambre?
   María: No, que pidas unas tapas.

9. Escuche y relacione cada frase con una ilustración. Luego, escríbalas e indique qué acción se desarrolló primero en cada una. (p. 106)
1. El sábado, cuando llegamos al teatro, la función ya había empezado.
2. Cuando llegué a casa de mis padres, ya habían cenado.
3. El otro día, vi a José y me dijo que se había casado.
4. Cuando cerré la puerta me di cuenta de que me había dejado las llaves dentro.

11. Escuche cómo reaccionan estas personas ante unas noticias y escriba las frases en los bocadillos correspondientes. (p. 107)
1. • Arturo ya ha encontrado trabajo.
   ♦ Uf... ¡Menos mal! Porque últimamente estaba muy deprimido.
2. • Me han concedido la beca para estudiar en Estados Unidos.
   ♦ ¡Qué bien! ¡Qué alegría!
   • Sí, así que mañana haré una fiesta, beberemos champán...
   ♦ Pues ¡fenomenal! ¿A qué hora?
3. • Mira lo que pone en el periódico: este fin de semana todos los cines son gratuitos.
   ♦ ¡Venga ya!
4. • ¿Qué tal te lo estás pasando? ¿Te gusta la fiesta?
   ♦ ¿Que si me gusta? ¡Qué rollo. Es un verdadero rollo, aburridísima.
5. • ¿Sabes qué me ha pasado? He perdido tu cámara de fotos.
   ♦ ¿La nueva?
   • Sí, lo siento.
   ♦ Bueno, pues... ¡qué se le va a hacer!
6. • ¿Sabías que Juan y Laura han tenido trillizos?
   ♦ ¿Trillizos? ¡No me digas!

GRAMÁTICA

LOS COMPARATIVOS

Inferioridad	→	La falda es *menos* estrecha *que* la chaqueta.
Igualdad	→	El vestido azul es *tan* bonito *como* el verde.
Superioridad	→	Los pantalones negros son *más* caros *que* los azules.

EL SUPERLATIVO

Adjetivo terminado en	Superlativo	
Consonante	+ -ísimo/a	→ fácil/facilísimo, facilísima
Vocal	vocal + -ísimo/a	alto/altísimo, grande/grandísima

| ¡Ojo! | -co, -ca / -go, -ga | -c > -qu / -g > -gu | → rico/riquísimo, rica/riquísima / largo/larguísimo, larga/larguísima |

¡QUÉ + ADJETIVO!

Esta estructura se usa para:

- Valorar personas o cosas.
  ¡*Qué* interesante!
  ¡*Qué* feo!

- Mostrar sorpresa.
  ¡*Qué* grande!

- Expresar con intensidad estados físicos y anímicos.
  ¡*Qué* cansada estoy!

LOS DEMOSTRATIVOS

	Masculino		Femenino	
Situación en el espacio	Singular	Plural	Singular	Plural
cerca (aquí)	este	estos	esta	estas
un poco más lejos (ahí)	ese	esos	esa	esas
lejos (allí)	aquel	aquellos	aquella	aquellas

Los adjetivos y los pronombres demostrativos tienen la misma forma.

- Los adjetivos van delante del nombre y concuerdan en género y número con el nombre al que determinan.

  Me encanta *este* vestido azul.   ¿Me enseña *esos* guantes negros?

- Los pronombres tienen la forma y el género del nombre al que se refieren.
  ◆ Me gusta esta falda.   ◆ Este modelo es muy bonito.
    ■ Pues yo prefiero *aquella*. (= aquella falda)   ■ Sí, y *ese* (= ese modelo) también.

EXPRESAR CANTIDAD

poco / bastante / demasiado / muy	+ adjetivo	→	La falda es un *poco* corta. Este libro es *bastante* interesante. Las manzanas son *demasiado* caras. José es *muy* inteligente.
poco / bastante / demasiado / muy	+ adverbio	→	El centro está un *poco* lejos de la estación. La academia está *bastante* cerca del centro. Es *demasiado* pronto para cenar. El aeropuerto está *muy* lejos de mi casa.
verbo +	poco / bastante / demasiado / mucho	→	Este año he trabajado *poco*. Leo *bastante*. Fumas *demasiado*. Comes *mucho*.
poco/a/s / bastante/s / demasiado/a/s / mucho/a/s	+ sustantivo	→	Tengo *poco* tiempo. En Madrid hay *bastantes* cines. Hay *demasiado* ruido. Hoy tengo que hacer *muchas* cosas.

primer plano

GRAMÁTICA

LOS PRONOMBRES PERSONALES COMPLEMENTO

FORMAS
- Objeto directo: me, te, lo/(le)*, la, nos, os, los, las.
- Objeto indirecto: me, te, le, nos, os, les.

* El uso de *le/les* en lugar de *los/las* se denomina leísmo. Está admitido cuando se refiere a un nombre masculino de persona en singular.

POSICIÓN

- Normalmente, van delante del verbo.
    - Escribo una postal. → La escribo.
    - La dependienta enseña un vestido a la clienta. → Le enseña un vestido.

- En imperativo afirmativo, van después del verbo formando una sola palabra.
    - Compra la chaqueta. → Cómprala.
    - ¿Me compras un libro? → Cómprame un libro.

- Cuando acompañan a un verbo conjugado + infinitivo, pueden ir delante del verbo conjugado o después del infinitivo formando una sola palabra.
    - ¿Puedo abrir la ventana? → ¿La puedo abrir? = ¿Puedo abrirla?

- Con *estar* + gerundio, pueden ir delante de *estar* o después del gerundio, formando una sola palabra.
    - Estoy leyendo una carta. → La estoy leyendo. = Estoy leyéndola.

ORDEN

- Primero el indirecto y luego el directo.
    - Te pones el jersey. → Te lo pones.
    - ¿Me compras un CD? → Cómpramelo.

¡Ojo! → *Le/Les* se convierten en *se* cuando van seguidos de *lo, la, los* o *las*.

le/les +	lo / la / los / las	=	se lo / se la / se los / se las

- Le compro el libro. → Se lo compro.
- Le mando la postal. → Se la mando.
- Les doy los libros. → Se los doy.
- Les enseño las fotos. → Se las enseño.

EL RELATIVO "QUE"

Voy al supermercado. El supermercado está en la calle Sol. → Voy al supermercado que está en la calle Sol.

DAR CONSEJOS/RECOMENDACIONES

- De forma personal.

◆ Me duele la garganta.

(No) Tener que (No) Deber Imperativo ¿Por qué no + presente?	+ infinitivo

- Tienes que tomarte un jarabe.
- Debes tomarte un jarabe.
- Tómate un jarabe.
- ¿Por qué no te tomas un jarabe?

- De forma impersonal.

Para estar en forma...

(No) Hay que (No) Conviene Conviene no (No) Se debe (No) Hay que	+ infinitivo

- No hay que fumar.
- Conviene hacer deporte.
- Conviene no tomar mucha grasa.
- Se debe hacer gimnasia.
- Hay que dormir ocho horas diarias.

PARECER

- Nombre en singular + [me, te, le, nos, os, les] + parece + adjetivo.
    - Este libro me parece interesante.

- Nombre en plural + [me, te, le, nos, os, les] + parecen + adjetivo.
    - Los pantalones me parecen largos.

gramática

GRAMÁTICA

DOLER

(A mí)	me	
(A ti/vos)	te	
(A él/ella/usted)	le	+
(A nosotros/as)	nos	
(A vosotros/as)	os	
(A ellos/ellas/ustedes)	les	

duele + nombre en singular. *Me duele la cabeza.*

duelen + nombre en plural. *Te duelen las muelas.*

SER/ESTAR

SER
- Identificación.
  - ¿Quién *es*?
  - *Es* Emilio.
- Nacionalidad y origen.
  Soy española.
  Eres de Bogotá.
- Profesión.
  Mi marido *es* fotógrafo.
  Pero: *Está* jubilado.
- Pertenencia.
  - ¿De quién *es* este bolso?
  - *Es* de Patricia.
- Materia.
  El vestido *es* de lana.
  Los zapatos *son* de piel.
- Cualidades/características permanentes.
  Arturo *es* alto. *Es* moreno. *Es* delgado.
- Hora.
  - ¿Qué hora *es*?
  - *Son* las tres y media.
- Precio.
  - ¿Cuánto *es* todo?
  - *Son* 4.000 pesetas.
- Expresiones:
  Es verdad/cierto.

ESTAR
- Localización en el espacio.
  El Museo del Prado *está* en Madrid.
- Estados físicos y anímicos.
  Estoy muy cansado.
  ¿Por qué *estás* triste?
- Estar + gerundio.
  Estoy leyendo un libro muy interesante.
- Expresiones:
  ¿Qué tal *estás*?
  Estoy de acuerdo.
  Está bien/mal.

CONTRASTE SER/ESTAR
- La fecha puede expresarse…
  Con *ser*: Hoy *es* lunes siete de enero.
  Con *estar* + *a*: Hoy *estamos a* lunes siete de enero.
- Algunos adjetivos cambian de sentido según se usen con *ser* o con *estar*.

La grasa *es mala* para la salud.	= Es perjudicial.
Estoy malo.	= Estoy enfermo.
El calcio *es bueno* para los huesos.	= Es beneficioso.
Este pastel *está* muy *bueno*.	= Delicioso.
Este trabajo *es* muy *cansado*.	= Que cansa.
¡Qué *cansada estoy*!	= Estado físico.
Jaime *es rico*.	= Tiene mucho dinero.
Esta tarta *está* muy *rica*.	= Deliciosa.

CONTRASTE HAY/ESTÁ(N)

HAY
Hay se usa para expresar la existencia de personas o cosas.

- ¿*Hay* + un/algún | museo?
              una/alguna | cafetería?
  - Sí, *hay* uno/un museo. / una.
  - No, no *hay* ninguno/ningún museo. / ninguna.

- *Hay* + (dos, muchos, algunos, pocos) libros.
         (dos, muchas, algunas, pocas) revistas.

ESTÁ(N)

Está(n) se usa para localizar personas o cosas.

- El/La + nombre singular + *está* + localización.   *El libro está en la estantería.*
- Los/Las + nombre en plural + *están* + localización.   *Los cines están en el centro.*

primer plano

GRAMÁTICA

REPETIR FRASES

¿Cómo dices?

	Frase		Que + frase
Repetir una información:	Son las cinco.	→	Que son las cinco.
Repetir una pregunta:	¿Cómo te llamas?	→	Que cómo te llamas.

Frase en imperativo afirmativo	Que + frase en presente de subjuntivo	Frase en imperativo negativo	Que no + frase en presente de subjuntivo
Haz el ejercicio.	Que hagas el ejercicio.	No abras la ventana.	Que no abras la ventana.

REPRODUCIR LAS PALABRAS DE OTRA PERSONA

Ha dicho que...

(Yo)
"Vivo en Madrid."
"Esta mañana he hablado con Luis."
"Ayer estuve con mi hermano."
"Antes iba mucho a la playa."
"El lunes no iré a la oficina."

(Él/Ella)
vive en Madrid.
que esta mañana ha hablado con Luis.
ayer estuvo con su hermano.
antes iba mucho a la playa.
el lunes no irá a la oficina.

FORMULAR HIPÓTESIS

- A lo mejor + presente de indicativo
- Tal vez/Quizá(s) + subjuntivo / indicativo
- Futuro imperfecto de indicativo

◆ ¿Por qué no viene Pina?   ■ No sé, a lo mejor está enferma.
◆ ¿Nos vemos el domingo?   ■ Sí, tal vez vaya a la fiesta.
◆ Quizás voy al mercado el sábado, ¿quieres algo?
◆ ¡Qué tarde! No ha llegado Juan.   ■ No te preocupes; estará con sus amigos.

LA CONJUGACIÓN

PRETÉRITO INDEFINIDO

Verbos regulares

	HABLAR	COMPRENDER	SUBIR
(Yo)	hablé	comprendí	subí
(Tú/Vos)	hablaste	comprendiste	subiste
(Él/Ella/Usted)	habló	comprendió	subió
(Nosotros/as)	hablamos	comprendimos	subimos
(Vosotros/as)	hablasteis	comprendisteis	subisteis
(Ellos/Ellas/Ustedes)	hablaron	comprendieron	subieron

Verbos con alteraciones vocálicas

	PEDIR (1)	DORMIR (2)	LEER (3)
(Yo)	pedí	dormí	leí
(Tú/Vos)	pediste	dormiste	leíste
(Él/Ella/Usted)	pidió	durmió	leyó
(Nosotros/as)	pedimos	dormimos	leímos
(Vosotros/as)	pedisteis	dormisteis	leísteis
(Ellos/Ellas/Ustedes)	pidieron	durmieron	leyeron

Presentan la misma irregularidad:
(1) corregir, elegir, medir, preferir, repetir, seguir, servir, vestir...
(2) morir.
(3) verbos con una vocal antes de la terminación: caer, oír... y verbos terminados en -uir.

Verbos con cambios en la raíz y la terminación

	Yo	Tú/Vos	Él/Ella/Ud.	Nosotros/as	Vosotros/as	Ellos/Ellas/Uds.
ANDAR	anduve	anduviste	anduvo	anduvimos	anduvisteis	anduvieron
CONDUCIR	conduje	condujiste	condujo	condujimos	condujisteis	condujeron
DECIR	dije	dijiste	dijo	dijimos	dijisteis	dijeron
ESTAR	estuve	estuviste	estuvo	estuvimos	estuvisteis	estuvieron
HACER	hice	hiciste	hizo	hicimos	hicisteis	hicieron
PODER	pude	pudiste	pudo	pudimos	pudisteis	pudieron
PONER	puse	pusiste	puso	pusimos	pusisteis	pusieron
QUERER	quise	quisiste	quiso	quisimos	quisisteis	quisieron
SABER	supe	supiste	supo	supimos	supisteis	supieron
TENER	tuve	tuviste	tuvo	tuvimos	tuvisteis	tuvieron
TRAER	traje	trajiste	trajo	trajimos	trajisteis	trajeron
VENIR	vine	viniste	vino	vinimos	vinisteis	vinieron

Verbos con irregularidades propias

DAR	di	diste	dio	dimos	disteis	dieron
IR/SER	fui	fuiste	fue	fuimos	fuisteis	fueron

GRAMÁTICA

Usos El pretérito indefinido se emplea con las siguientes referencias temporales:

- anteayer, ayer, anoche — *Anoche* cené con Isabel.
- el otro día, el lunes / martes / miércoles... — *El martes* fuimos al cine.
- la semana pasada — Julia vino *la semana pasada*.
- el año / mes / verano pasado — *El verano pasado* estuviste en México.
- hace un / dos / tres... día(s) / mes(es) / año(s) — Llegué *hace cuatro días*.
- en enero / febrero / marzo... — Nuestro hijo nació *en enero*.
- en 1990 / 1991... — Emilio e Isabel se conocieron en *1996*.
- el 14 de julio / 12 de agosto... — Se casaron *el 5 de septiembre*.

PRETÉRITO IMPERFECTO

Verbos regulares

	HABLAR	COMPRENDER	SUBIR
(Yo)	hablaba	comprendía	subía
(Tú/Vos)	hablabas	comprendías	subías
(Él/Ella/Usted)	hablaba	comprendía	subía
(Nosotros/as)	hablábamos	comprendíamos	subíamos
(Vosotros/as)	hablabais	comprendíais	subíais
(Ellos/Ellas/Ustedes)	hablaban	comprendían	subían

Verbos irregulares

	IR	SER	VER
(Yo)	iba	era	veía
(Tú/Vos)	ibas	eras	veías
(Él/Ella/Usted)	iba	era	veía
(Nosotros/as)	íbamos	éramos	veíamos
(Vosotros/as)	ibais	erais	veíais
(Ellos/Ellas/Ustedes)	iban	eran	veían

Usos
- Para hacer descripciones en pasado. — La casa *era* grande y tenía cuatro habitaciones.
- Para hablar de actividades habituales en el pasado. — Cuando era joven, *practicaba* mucho deporte.
- Para pedir cosas de forma cortés. — *Quería* dos kilos de naranjas y un melón.

CONTRASTE PRETÉRITO INDEFINIDO/PRETÉRITO IMPERFECTO

- Con el pretérito indefinido se indican las acciones, los acontecimientos.
- Con el pretérito imperfecto se precisan las circunstancias y las situaciones en las que se desarrolla la acción expresada en pretérito indefinido.

El otro día, Carmen llegó tarde al trabajo porque había mucho tráfico.

PRETÉRITO PLUSCUAMPERFECTO

	haber en pretérito imperfecto		participio pasado
(Yo)	había		
(Tú/Vos)	habías		
(Él/Ella/Usted)	había	+	hablado
(Nosotros/as)	habíamos		comprendido
(Vosotros/as)	habíais		subido
(Ellos/Ellas/Ustedes)	habían		

participios pasados irregulares

abrir	abierto	poner	puesto
decir	dicho	romper	roto
escribir	escrito	ver	visto
hacer	hecho	volver	vuelto

Usos
- Para indicar una acción pasada anterior a otra acción o situación también pasada. Cuando llegué a casa, mis padres ya *habían cenado*.

PRESENTE DE SUBJUNTIVO

Verbos regulares

	HABLAR	COMPRENDER	SUBIR
(Yo)	hable	comprenda	suba
(Tú/Vos*)	hables	comprendas	subas
(Él/Ella/Usted)	hable	comprenda	suba
(Nosotros/as)	hablemos	comprendamos	subamos
(Vosotros/as)	habléis	comprendáis	subáis
(Ellos/Ellas/Ustedes)	hablen	comprendan	suban

Verbos irregulares

	CERRAR (1)	VOLVER (2)	PEDIR (3)	PREFERIR (4)	DORMIR (5)
(Yo)	cierre	vuelva	pida	prefiera	duerma
(Tú/Vos*)	cierres	vuelvas	pidas	prefieras	duermas
(Él/Ella/Usted)	cierre	vuelva	pida	prefiera	duerma
(Nosotros/as)	cerremos	volvamos	pidamos	prefiramos	durmamos
(Vosotros/as)	cerréis	volváis	pidáis	prefiráis	durmáis
(Ellos/Ellas/Ustedes)	cierren	vuelvan	pidan	prefieran	duerman

Presentan la misma irregularidad:
(1) despertarse, empezar (empiece, empieces...), fregar (friegue, friegues...), pensar, recomendar, sentarse, encender, entender, perder...
(2) acordarse, acostarse, comprobar, contar, costar, encontrar, poder, probar, recordar, devolver, mover, torcer (tuerza, tuerzas...), jugar (juegue, juegues...)...
(3) corregir (corrija, corrijas...), elegir (elija, elijas...), medir, repetir, seguir (siga, sigas...), servir, vestir...
(4) divertirse, sentir...
(5) morir.

primer plano

GRAMÁTICA

Verbos que se construyen a partir de la primera persona del presente de indicativo (menos "o")

	CAER
(Yo)	caiga
(Tú/Vos*)	caigas
(Él/Ella/Usted)	caiga
(Nosotros/as)	caigamos
(Vosotros/as)	caigáis
(Ellos/Ellas/Ustedes)	caigan

Otros verbos:

decir	dig-
poner	pong-
salir	salg-
conducir	conduzc-
conocer	conozc-
construir	construy-
ver	ve-

+ a / as / a / amos / áis / an

Verbos con irregularidad propia

DAR	ESTAR	HABER	IR	SER	SABER
dé	esté	haya	vaya	sea	sepa
des	estés	hayas	vayas	seas	sepas
dé	esté	haya	vaya	sea	sepa
demos	estemos	hayamos	vayamos	seamos	sepamos
deis	estéis	hayáis	vayáis	seáis	sepáis
den	estén	hayan	vayan	sean	sepan

* En el uso coloquial, las formas verbales de vos se pronuncian (y se escriben) como palabras agudas. En algunos verbos irregulares se producen vacilaciones de forma: cierres/cerrés...

Usos
- Expresar deseos.   Mañana vamos a la playa; *espero que haga* sol.
- Pedir acciones a otros.   *Quiero que vengas* mañana.
- Indicar finalidad.   Manda la carta ahora *para que llegue* antes del sábado.
- Ofrecer ayuda.   *¿Quieres que te ayude* a hacer los ejercicios?
- Formular hipótesis.   Juan todavía no ha llegado, *quizás/tal vez esté* en la oficina.
- Expresar buenos deseos.   Espero que te diviertas mañana en la fiesta.
- Con las estructuras:

Es | conveniente / necesario | que + presente de subjuntivo   Si quieres estar en forma, *es necesario que hagas* deporte.

IMPERATIVO

Imperativo afirmativo

Verbos regulares

HABLAR	COMPRENDER	SUBIR	
habla/*hablá*	comprende/*comprendé*	sube/*subí*	(Tú/Vos)
hable	comprenda	suba	(Usted)
hablad	comprended	subid	(Vosotros/as)
hablen	comprendan	suban	(Ustedes)

Verbos irregulares: alteraciones vocálicas

DORMIR	CERRAR	PEDIR	
duerme	cierra	pide	(Tú/Vos*)
duerma	cierre	pida	(Usted)
dormid	cerrad	pedid	(Vosotros/as)
duerman	cierren	pidan	(Ustedes)

Verbos con irregularidades propias

DECIR	HACER	OÍR	SALIR	PONER	TENER	TRAER	IR	SER	
di	haz	oye	sal	pon	ten	trae	ve	sé	(Tú/Vos*)
diga	haga	oiga	salga	ponga	tenga	traiga	vaya	sea	(Usted)
decid	haced	oíd	salid	poned	tened	traed	id	sed	(Vosotros/as)
digan	hagan	oigan	salgan	pongan	tengan	traigan	vayan	sean	(Ustedes)

*Vos sigue el paradigma regular: dormí, pedí, cerrá, decí, hacé, oí, salí... El imperativo del verbo ir es andá.
- La forma "vosotros/as" es siempre regular, se construye sustituyendo la terminación por -ad, -ed o -id.
- El imperativo negativo se forma con: No + formas correspondientes del presente de subjuntivo.

Usos
- Para indicar un camino.   *Siga* recto y *gire* la primera a la izquierda.
- Para dar consejos y recomendaciones.   *No coma* demasiada carne y *beba* mucha agua.
- Para pedir acciones a otros.   *Pásame* la sal, por favor.

gramática

GLOSARIO
(en español y en tu idioma)

EPISODIO 0

acogedor/-a
acontecimiento (el)
acueducto (el)
afición (la)
alegre
amistad (la)
antipático/a
bebedor/-a
canal (el)
capital (la)
castaño/a
celoso/a
ciclismo (el)
comerciante (el/la)
comunicativo/a
cordial
correr
costa (la)
depender de
duna (la)
elaborar
esbelto/a
este (el)
especialidad culinaria (la)
exposición (la)
extensión (la)
extranjero/a
famoso/a
físicamente
gato (el)
gustos (los)
hacer una pregunta
hasta pronto
histórico/a
idioma (el)
impuntual
independiente
ingreso (el)
introvertido/a
isla (la)
joven
lago (el)
lengua (la)
limitar
lindo/a
magnífico/a

mar (el)
marisco (el)
mayor
mentiroso/a
moneda (la)
monumento (el)
nacer
negativo/a
norte (el)
obligación diaria (la)
océano (el)
oeste (el)
ondulado/a
paisaje (el)
parque natural (el)
parque temático (el)
perezoso/a
perro (el)
personalidad (la)
población (la)
positivo/a
preferido/a
receta (la)
religión (la)
religioso/a
rizado/a
ron (el)
sincero/a
situado/a
sur (el)
terminar
tímido/a
tradicional
triste
turístico/a
unir
varios/as
volcán (el)
zona (la)

"Abrazos."
"Es verdad."
"¡Por supuesto!"

primer plano

GLOSARIO
(en español y en tu idioma)

EPISODIO 1

ambiente familiar (el)
aparcar
aprobar
arreglar
asistir a una reunión
colegio (el)
comedor (el)
concierto (el)
copa (la)
cuidar
darse un baño
dejarse
dentista (el/la)
electricista (el/la)
enchufe (el)
enfadado/a
enfermo/a (el/la)
entrevista (la)
estado anímico (el)
estado emocional (el)
estado físico (el)
estar abierto/cerrado
estar cansado/a
estar embarazada
estar enfermo/a
estar jubilado/a
gente (la)
hacer entrevistas
hacer un examen
instalación de luz (la)
luz (la)
marchoso/a
mensajero (el)
nervioso/a
organizar
preparar
redactar
reservado/a
resultado (el)
tranquilidad (la)

"¡Cariño!"
"¡No me digas!"
"Por cierto..."
"¿Qué te pasa?"
"¡Tranquilo!"

EPISODIO 2

academia de idiomas (la)
anoche
aparato (el)
barrio (el)
biblioteca (la)
bolera (la)
calle (la)
casarse
centro (el)
chorizo (el)
cuadro (el)
cultural
degustar
director/-a de cine (el/la)
durar
elegante
escritor/-a (el/la)
folleto (el)
funambulista (el/la)
galería (de arte) (la)
ganar
guía (la)
guiñol (el)
hace un rato
historia (la)
imagen (la)
impresionante
jamón (el)
jardín (el)
localizar
lugar (el)
medir
mercado (el)
oficina de turismo (la)
palacio (el)
pantalla (la)
parada de autobús (la)
parecer
parque (el)
parque de atracciones (el)
pasarlo bien
pedir información
pinacoteca (la)
planta tropical (la)
premio (el)
quedarse en casa

glosario

GLOSARIO
(en español y en tu idioma)

servir para + inf.
sitio (el)
taberna (la)
tener ganas de + inf.
tomar copas
zoo (el)

"¡Adivina!"
"¡Enhorabuena!"
"¡Perdona!"

EPISODIO 3

abrigo (el)
anuncio (el)
cerca
conducir
consejo (el)
continuar
cruzar
currículo (el)
dar de comer
dejar de fumar
empleado/a (el/la)
estar en paro
final de la calle (el)
fuente (la)
funcionar
girar
instrucción (la)
ir todo recto
nevera (la)
oír
otra vez
planta (la)
recoger (a alguien)
recomendación (la)
saltarse un semáforo
subir la música
tienda (la)
torcer
zapatos (los)

"¡Es facilísimo!"
"¡Hace (mucho) calor!"
"No soy de aquí."
"¿Qué pasa?"

EPISODIO 4

bañador/traje de baño (el)
barato/a
bastante
blusa (la)
bolso (el)
bragas (las)
calcetines (las)
camisa (la)
camiseta (la)
caro/a
cartera (la)
cazadora (la)
chaqueta (la)
chaquetón (el)
clásico/a
cliente/a (el/la)
cobrar
cremallera (la)
de algodón
de cuadros
de piel
de rayas
demasiado/a
dependiente/a (el/la)
elegante
enseñar
envolver
escaparate (el)
estrecho/a
falda (la)
formal
guantes (los)
informal
jersey (el)
juvenil
liso/a
modelo (el)
pantalones (los)
precioso/a
prenda (la)
probador (el)
probarse
quedar bien
quedar fatal
regalar
sandalias (las)

primer plano

GLOSARIO
(en español y en tu idioma)

sujetador (el)
talla (la)
vaqueros (los)
vestido (el)
zapatillas de deporte (las)

"¿Algo más?"
"¿Cuánto vale?"
"¡Estás guapísima!"
"Me los llevo."
"¿Qué talla usas?"
"¿Qué te parece?"

EPISODIO 5

acupuntor/-a (el/la)
alcohol (el)
aspirina (la)
automedicarse
boca (la)
brazo (el)
cabeza (la)
cadera (la)
cafeína (la)
cardenal (el)
cereales (los)
codo (el)
con asiduidad
con moderación
contestador automático (el)
cuello (el)
cuerpo (el)
dar consejos
dedicar
dedo (el)
desconectar
diario/a
diente (el)
dieta (la)
doler
encontrarse fatal
engordar
espalda (la)
estar en forma

estar estresado/a
estar molido/a
estar resfriado/a
estómago (el)
evitar
farmacéutico/a (el/la)
farmacia (la)
fibra (la)
garganta (la)
grasa (la)
hacer una pausa
hombro (el)
incluir
ir al médico
medicación (la)
medicamento (el)
mejorar
minerales (los)
muelas (las)
muñeca (la)
nariz (la)
oídos (los)
ojos (los)
oreja (la)
paquete (el)
patatas fritas (las)
pecho (el)
pedir consejo
pie (el)
pierna (la)
proteínas (las)
régimen (el)
resfriado (el)
rodilla (la)
tener anginas
tener dolor de…
tener fiebre
tener gripe
tener mal aspecto
tener tos
tiempo libre (el)
tirita (la)
tobillo (el)
verdura (la)
vitamina (la)
zumo de naranja (el)

GLOSARIO
(en español y en tu idioma)

"¿Cuánto le debo?"
"¡Por fin!"
"¡Que se mejore!"
"¡Venga!"

EPISODIO 6

abuelos (los)
aburrido/a
aceite de oliva (el)
aceptar
actriz (la)
agradable
aparecer
atasco (el)
barra de pan (la)
bastón (el)
besugo (el)
bocadillo (el)
cambiar
caramelo (el)
charlar
chicle (el)
chorizo (el)
chuleta de cerdo (la)
coliflor (la)
docena (la)
estar maduro/a
estilo (el)
envidia (la)
filete de ternera (el)
galleta (la)
genial
harina (la)
infancia (la)
jóvenes (los)
lechuga (la)
lenguado (el)
litro de leche (el)
mantequilla (la)
manzana (la)
mejillones (los)
melón (el)
merluza (la)
montaña rusa (la)

montarse
móvil (el)
naranja (la)
numeroso/a
pan integral (el)
papel (cine) (el)
paquete de café (el)
parque de atracciones (el)
película muda (la)
portátil (el)
recordar
representativo/a
ruido (el)
sacar (las) entradas
tarta (la)
vegetariano/a
ver un partido
yogur natural (el)

"¿A cómo está el kilo?"
"Aquí tiene"
"¿Cuánto es?"
"¿Me cobra?"
"¡Qué casualidad!"
"¿Qué le pongo?"

EPISODIO 7

aburrirse
acuse de recibo (el)
alquilar
apagar la luz
aproximadamente
carta certificada (la)
cava (el)
certificar
creativo/a
dar una sorpresa
deseo (el)
destinatario/a (el/la)
empleo (el)
estar aburrido/a
estar bien pagado
estar de vacaciones

primer plano

GLOSARIO
(en español y en tu idioma)

firmar
formular un deseo
gasolina (la)
humo (el)
intentar
mellizos (los)
oficina de Correos (la)
paquete (el)
perder el autobús
postal (la)
quizá(s)/tal vez/a lo mejor
rellenar un impreso
rutinario/a
sello (el)
solucionar
telegrama (el)
tráfico (el)
últimamente
variado/a

"Es conveniente."
"Es importante."
"¿Puede ser?"
"¡Que lo pases bien!"
"Queridos amigos:"

EPISODIO 8

aburrimiento (el)
alegría (la)
alivio (el)
alcanzar
billete (el)
calamares (los)
cambio (dinero) (el)
científico (el)
conejo (el)
conseguir
darse prisa
debate (el)
ecologista (el/la)
encargar
enfriarse
ensalada mixta (la)

entrenarse
equipo (el)
estar deprimido/a
fiambre (el)
final (el)
gratuito/a
incredulidad (la)
lata de cerveza (la)
máquina (la)
mechero (el)
noche anterior (la)
perchero (el)
piso (el)
prestar
primo/a (el/la)
refresco (el)
resignación (la)
selva (la)
talar
tamaño (el)
tapas (las)
tardar
tener ganas de
tener hambre
terminar la carrera
transeúnte (el/la)
trillizos (los)
vacuna (la)
vino tinto/rosado/blanco (el)

"¿Cómo dices?"
"Está prohibido fumar."
"Hace frío."
"¡Menos mal!"
"No te oigo."
"¡Por fin!"
"¡Qué rollo!"
"¡Qué se le va a hacer!"
"¡Venga ya!"